AD115625

© Olivia Cornevin 2024

Illustration : Olivia Cornevin
Édition : BoD – Books on Demand, 31 avenue Saint-Rémy,
57600 Forbach, bod@bod.fr
Impression : Libri Plureos GmbH, Friedensallee 273,
22763 Hamburg (Allemagne)
ISBN : 978-2-3224-9608-2
Dépôt légal : Janvier 2025

Tous droits de traduction, de reproduction
et d'adaptation réservés pour tous pays.

ARRÊTE DE TE PLAINDRE ET AGIS !

AVERTISSEMENT DE L'AUTEURE

Les points de vue exprimés dans ce livre n'engagent que l'auteure.
Toute utilisation des informations contenues dans ce livre relève de la
responsabilité du lecteur.

Olivia Cornevin

ARRÊTE DE TE PLAINDRE ET AGIS !

Ou comment sortir de son rôle de victime et devenir acteur/actrice de sa vie

AVANT-PROPOS

Tout a commencé un matin comme les autres. Je me plaignais de ne pas réussir à contrôler mes impulsions alimentaires et mes kilos en trop pour la énième fois à mon ex. Il me donnait d'ailleurs plein de solutions pour m'aider : faire plus de sport, du Pilates, manger plus sainement, etc. Chaque solution me paraissait en inadéquation totale avec ma situation au vu de tous les efforts et le sport que je faisais déjà pour éviter de grossir et au moins maintenir mon poids. À un moment, je pense qu'il en a eu marre et il m'a dit : « *Arrête de te plaindre et fais quelque chose !* ».

Sur le moment ça m'a heurté de plein fouet. Je lui en ai voulu de considérer que je me plaignais (et pourtant, comment appeler autrement ces sempiternelles lamentations ?) et qu'il voulait que j'arrête parce que visiblement, ça n'était pas la première fois qu'il me demandait de faire quelque chose pour changer la situation.

Et puis, j'ai compris. Effectivement, ce sujet revient sur le tapis régulièrement sans que je ne trouve de solution, alors je continue de faire toujours la même chose : du footing pour noyer mes fringales, mais sans vraiment changer mon alimentation ou même faire un sport plus intense qui brûlerait plus de calories ou me musclerait davantage.

Et puis un jour, je ne sais plus comment, je suis tombée sur quelqu'un qui disait que l'énergie de la plainte est ultra négative puisqu'elle est carrément mauvaise pour notre santé. On se plaint pour évacuer en pensant se sentir mieux, mais en fait, c'est tout l'inverse qui se produit et pire encore, on emmène les autres dans notre spirale négative[1]...

"Il y a dans votre cerveau une collection de synapses séparées par un espace vide appelé la fente synaptique. Dès que vous avez une pensée, une synapse envoie un message chimique à travers la fente à une autre synapse, construisant ainsi un pont par lequel un signal électrique peut traverser, portant parmi sa charge l'information pertinente à laquelle vous êtes en train de penser", explique Steven Parton sur Psych Media. "Voilà le problème", continue-t-il, "à chaque fois que cette charge électrique est activée, les synapses se rapprochent afin de réduire la distance que la charge électrique a à parcourir... Le cerveau est toujours en train de réécrire ses propres circuits, se changeant physiquement pour qu'il soit plus simple pour les synapses de partager le lien chimique et ainsi s'allumer ensemble - en bref, facilitant

---

[1] https://www.psychologue.net/articles/se-plaindre-est-mauvais-pour-vous

l'activation de la pensée".

Par conséquent, plus on se plaint, plus on ouvre la voie pour encore plus de pensées négatives.

Merde, vu comment les français ont fait de la plainte un sport national, ça doit pas être joli, joli ce qui se passe dans les synapses hexagonales...

Surtout, j'ai compris que je me posais en martyr. Car se plaindre, c'est quoi finalement ? C'est dire qu'on est victime de quelque chose : de soi, de ses habitudes, du système, des autres…

Vous ne me croyez pas ? Reprenons mon exemple.

Quand je me plains de mon poids, je me sens victime de moi-même, de mes habitudes alimentaires, de mes fringales de sucre, du fait de manger trop, mais aussi de mon système qui ne brûle pas assez de calories, de l'industrie agro-alimentaire qui me donne hyper envie d'aliments sucrés mauvais pour mon corps, mais auxquels je peux difficilement résister, de mes parents qui m'ont donné des gênes pas terribles, mais aussi l'habitude de toujours finir mon assiette ou de manger des sucreries, etc.

Là-dessus vient se greffer la jalousie envers les autres qui eux ont un système qui visiblement brûle mieux les calories, voire peuvent manger ce qu'ils veulent sans jamais se poser de questions, de tous ces mannequins qui nous montrent des corps minces impossibles à atteindre, etc. Bref j'en veux à moi-même et à la terre entière de ne pas atteindre ce poids idéal qui ferait que je me sentirais enfin mieux dans mon corps et surtout aux yeux des autres justement.

Mais pourquoi fait-on ça ? Pourquoi se pose-t-on en victime du système, de soi-même et des autres ?

Parce qu'être une victime nous permet d'assumer un statu quo. De ne rien faire. De nous enfermer dans un rôle.

Dans mon cas, celui de la petite rondelette qui fait des efforts, mais qui n'y arrive pas.

Même en l'écrivant, j'ai du mal à l'admettre et pourtant... Ça fait des années. Alors que faire ? Comment agir différemment ? Comment prendre conscience de nos plaintes, du statu quo qu'elles permettent de maintenir et comment enfin agir pour en sortir ? Ou s'accepter enfin et s'aimer tel(le) que l'on est. C'est tout le but de ce livre ! Alors allons-y, plongeons ensemble dans les dessous de la plainte et dézinguons-la une bonne fois pour toutes...

" (La plainte est) une fixation répétitive qui alimente le chagrin au lieu de l'épuiser. "

Lou Mas Del Aire, Introduction au livre
La fin de la plainte

INTRODUCTION

QU'EST-CE QUE LA PLAINTE ?

Plongeons directement dans le sujet en allant chercher la définition de la plainte.

> *Selon Le Robert, nom féminin*
> 1. **Expression vocale de la douleur.**
> **Ex : Les blessés poussaient des plaintes déchirantes.**
> *Synonymes : cri, gémissement, lamentation, pleur*
>
> **au figuré**
> **Son qui évoque une plainte.**
> **Ex : La plainte du vent.**
>
> 2. **Expression d'un mécontentement.**
> **Ex : Les plaintes et les revendications du personnel.**
> *Synonymes : blâme, doléances, grief*

Dans l'introduction du livre, *La fin de la plainte*, que je vous invite à lire car elle constitue à elle seule une définition très exhaustive de ce qu'est la plainte, Lou Mas Del Aire souligne à quel point la plainte « au lieu d'être une pure transposition des choses vers le dehors, à la manière d'un abcès qui cherche à se vider, elle exagère et se détache de son origine. Elle devient un artifice. Elle ne respecte pas la juste douleur et la juste peine, elle les entoure d'un surcroît. »

Car oui, au départ on se plaint parce qu'on a mal ou parce qu'on est mécontent. Mais c'est l'enlisement qui nous guette. Initialement, ce qui n'est qu'un constat lorsqu'on le nomme pour la première fois ne va devenir plainte que par la répétition. Cet événement cause tant de stress ou de fatigue que je préfère m'en plaindre que de changer les choses. Aussitôt la plainte proférée et envoyée sur l'autre qui la reçoit sans qu'on lui ai demandé quoi que ce soit, on se défausse de sa propre responsabilité. Pire, on se complait dans la tristesse que nous procure cet état de fait et cela peut même mener à la dépression. C'est aussi une manière de ne pas vouloir voir la réalité en face. De dire : « c'était mieux avant ».

Il est plus facile d'être une victime que de reconnaître les occasions de bonheur dans chaque circonstance de la vie. La plainte est alors un regret. Un regret que la vie ne soit pas comme on aurait voulu dans le passé comme dans le présent. Il est plus simple de demeurer insatisfait pour ne surtout pas se remettre en question et continuer à en vouloir à tout et à tout le monde.

La plainte est comme un enfant qui boude sans fin. À un moment donné, l'enfant se rend compte que l'adulte ne cédera pas à son caprice, alors il cesse de bouder. Cependant une fois qu'il a grandi, personne n'est là pour dire à l'adulte d'arrêter de faire la tête. La plainte est alors un obstacle au changement et favorise l'évitement. Pourtant, il suffirait de lever le poids de l'habitude de la plainte pour s'en débarrasser.

Vous ne me croyez pas ? Il y a des livres entiers écrits sur les causes émotionnelles et mentales des maladies nous invitant à comprendre le ou les chocs émotionnels à l'origine de la douleur que le corps transforme peu à peu en maladie et aussi le plus souvent en plainte et nous font comprendre que nous sommes responsables, souvent en grande partie, de nos maux. Ce que ces ouvrages disent en clair, c'est que nous créons nos maladies dans nos corps, mais cela, l'humanité n'est peut-être pas encore tout à fait prête pour l'admettre et préfère dire que c'est le froid, la pollution, les virus, etc. Et la maladie qui a bon dos encaisse toutes les plaintes tant que le travail de compréhension de ce qui a généré la maladie n'est pas enclenché… Attention, je ne dis pas que toutes les maladies sont générées uniquement par nos émotions mal digérées. Il y a des tonnes de facteurs aggravants ou générateurs de maladies dans notre environnement – pollution atmosphérique, électrique, aquatique, poison et pesticides dans les aliments, etc. –, mais dans mon expérience, j'ai pu constater que lorsqu'on met la main sur la cause émotionnelle à l'origine de la maladie, souvent la simple conscientisation de ce qui ne va pas, peut faire partir ses symptômes soit tout de suite, soit progressivement. Pour cela, je vous renvoie à une bibliographie d'ouvrages qui ont dit cela beaucoup mieux que moi en fin de livre et je ferme la parenthèse qui était là juste pour dire que parfois la fin de la souffrance et de la plainte peut se trouver dans la recherche de l'origine émotionnelle de nos maux.

Lorsqu'on se plaint du temps, de notre patron, du manque de ceci ou du trop-plein de cela, c'est toujours sur quelque chose d'extérieur que nous dirigeons la plainte.

La plainte, et c'est le propos de ce livre, nous permet d'éviter de prendre l'imputabilité de notre vie et de trouver un bouc émissaire à l'extérieur de soi – le travail, la société, la maladie qui est perçue comme venant de l'extérieur ou de la faute à pas de chance et non de soi, etc. – pour masquer quelque chose dont on ne veut pas endosser la responsabilité.

Justement, je vous invite avec ce livre à comprendre que la plainte est une merveilleuse porte d'entrée vers votre inconscient et peut vous permettre, si vous vous autorisez à faire ce voyage, de laisser émerger les choses dont vous vous étiez trop facilement déresponsabilisés en vous plaignant, exutoire facile alors que faire face à ce que l'on est et comprendre d'où viennent nos difficultés est un travail beaucoup plus ardu.

C'est ce travail difficile, mais ô combien important et salvateur que je vous invite à faire ici tout comme je l'ai fait tout en écrivant. Je suis persuadée que c'est en prenant la responsabilité de notre vie et de qui nous sommes vraiment que nous pourrons en tant qu'humanité aller de l'avant et transmuter nos maux.

Ce livre n'est donc pas fait pour tout le monde. Il est fait pour celles et ceux qui en ont assez de se plaindre et qui veulent vraiment se prendre en main car une chose est d'arrêter la plainte en comprenant ses mécanismes, l'autre est d'agir. C'est pourquoi ce livre est en deux parties. La compréhension de tous les mécanismes de la plainte (I) permettant de mener à l'action (II).

PARTIE I
Identifier la plainte

CHAPITRE PREMIER

LA PLAINTE NOUS SOULAGE-T-ELLE ?

La plainte est partout, surtout en France ! Elle se niche dans la plus banale des conversations sur la météo. Tenez par exemple :
- *T'as vu ? Il pleut encore !*
- *J'en ai marre, on ne peut plus sortir ! Ça fait des plombes qu'on n'a pas pu aller à la plage avec les enfants. J'en peux plus de jouer aux dames ! En plus, je perds tout le temps !*

Qu'est-ce que ça vous fait de lire ce banal dialogue totalement inventé ? Se sent-on heureux ou mal quand on lit ça ? Est-ce que ça soulage vraiment d'entendre quelqu'un se plaindre du temps ? À vous de me le dire. Moi personnellement, quand je lis ça, je sens une énergie négative d'épuisement, de mauvaise humeur, de lassitude, d'ennui, d'empêchement, de dépit…

Qu'a-t-on appris ? Clairement que les deux personnes n'en peuvent plus de cette situation et de ce qu'elle induit. Y'a-t-il un remède à part se plaindre ? Jouer, mais même cela est vécu comme un ennui mortel.

Ok, maintenant je vous fais le même dialogue, mais avec une personne qui se plaint et l'autre qui ne se plaint pas juste pour sentir la différence.

- T'as vu ? Il pleut encore !

- Oui c'est trop génial, y'a personne du coup à la plage, on est les seuls à se baigner. Les enfants adorent jouer à s'éclabousser dans les flaques d'eau. On part à la pêche à pied et on revient trempés, puis on prend une bonne douche chaude et on se réchauffe tous ensemble sous des couvertures en jouant. Et en plus, ça veut dire qu'il y aura plus de champignons à cueillir à la rentrée !

Bon alors, ça fait quel effet ? Tout de suite, on se sent mieux, on a même envie qu'il pleuve encore pour faire tous ces trucs cool sous la pluie et à la maison. Bon, vous me direz, c'est peut-être excessivement positif. On n'a pas trop l'habitude, quand on a été élevé en France où tout est matière à se plaindre : le temps qu'il fait, les politiciens, les lois, le système, la vie, les autres, etc. Tous les sujets sont bons. Forcément, quelqu'un qui se réjouit de quelque chose de considéré comme une situation pourrie par le commun des mortels, c'est suspect.

J'ai une amie qui a quatre enfants. Le petit troisième a une nature hyper facile et enthousiaste. Il ne se plaint jamais, il est toujours partant pour faire des choses et il a toujours le sourire. Je peux vous dire que quand on est à côté de ce petit bout, c'est comme s'il y avait un petit soleil qui brillait tout le temps. Une énergie lumineuse. Pas celle de la plainte qui plombe.

Alors pourquoi se plaint-on de tout et de rien ? Parce que se plaindre à haute voix donne l'impression de nous soulager. Elle permet d'établir un inconfort commun, un lien dans la commisération. De ne pas se sentir seul(e) dans ce qui nous arrive. De renforcer notre statut de victime en le faisant corroborer par d'autres que nous. Nous plaindre nous fait nous sentir mieux en partageant, que dis-je, en semant la mauvaise énergie auprès de tous ceux qui écoutent pour qu'ils soient dans le même état d'esprit que nous. D'ailleurs, si l'on reprend le dialogue initial plus haut, il y a la première affirmation et puis celui qui répond et en rajoute encore et encore et encore. Il corrobore à mort, si je puis dire, et enfonce tout le monde dans la déprime. Alors que dans le deuxième dialogue, celui qui parle en second répand uniquement de la joie et même l'envie pour la personne qui se plaint de reconsidérer sa manière de voir la pluie, de faire autre chose et de ne plus la subir.

Qu'est-ce qui est le plus simple ? Évidemment se plaindre ! Ce sont des mots, on commente, aucune action n'est requise. Le statu quo est maitre en sa demeure. Et on reste victime.

Que se passe-t-il cependant quand on décide de ne pas se plaindre ? Et bien on parle et on agit de manière positive. On change notre manière de voir les choses. Pas besoin de soulager quoi que ce soit puisqu'on est heureux. On transforme une expérience a priori pas terrible en une occasion de faire quelque chose de génial.

Qu'est-ce que vous préférez du coup ? Continuer à vous plaindre ou voir les choses sous un autre angle et agir ?

CHAPITRE 2

QUE CACHE LA PLAINTE ?

On a vu que la plainte permet apparemment de soulager un sentiment d'impuissance : on n'arrive pas à changer sa réalité par paresse, par peur, par apparente incapacité.

Est-ce que la plainte ne cacherait pas au fond un système de croyances ?

Par exemple en me plaignant sans cesse de mon poids et en ne changeant rien à comment je fais du sport ou la manière dont je mange, comment puis-je espérer un résultat différent ? Quelle croyance profonde y'a-t-il là-dessous ?

Quand je me pose cette question, c'est vertigineux... C'est justement la raison pour laquelle la plupart des gens préfèrent se plaindre plutôt que d'aller chercher le pourquoi du comment de leur immobilisme.

> *Je vous conseille de prendre votre plus grande problématique actuelle et d'écrire sur une feuille de papier toutes les raisons qui vous viennent à l'esprit pour lesquelles vous n'arrivez pas à la surmonter en étant le/la plus sincère possible. Puis s'il y a un autre sujet de plainte, écrivez toutes les raisons de nouveau.*

Vous trouverez mon exemple concernant le fait que je me trouve trop grosse et que je n'arrive pas à atteindre et maintenir mon poids de forme ci-dessous.

Qu'est-ce que je crois au plus profond de moi ?

1. J'ai des gênes pourris : ma mère avait de la cellulite, était incapable de garder un poids stable et était petite et ronde comme moi. Je suis pareille qu'elle.

2. J'ai loupé le coche pour être gymnaste/danseuse plus jeune, bref un truc qui me donnerait une silhouette musclée, galbée de malade. Il est trop tard. Je suis trop vieille.

3. Je ne suis pas capable de m'astreindre à manger sain tout le temps, pire je n'en ai pas envie. C'est chiant la nourriture saine.

4. Je suis accro au sucre. Impossible d'arrêter.

5. Si je suis trop attirante, les mecs vont m'emmerder dans la rue.

6. Atteindre le poids idéal est un travail à plein temps. Je n'ai pas ce loisir.

7. Je n'ai pas envie de changer ma routine sportive ou mon alimentation.

8. Je préfère rester comme ça que de mettre en place un mode d'alimentation plus sain et une activité sportive qui ne me donne pas de plaisir, mais me permettrait d'avoir un corps plus ferme.

9. Je sais très bien que je n'ai plus faim, mais je mange plus pour être sûre d'en avoir suffisamment ou davantage que les autres. Pourtant ça me rend malade.

Voilà sincèrement ce qui me vient. Maintenant, je vais me pencher sur mes croyances et même mes peurs et je vous invite à faire de même.

> ***Sous chaque raison pour justifier votre plainte/problématique, posez-vous la question : à quelle croyance ou peur cela vous renvoie ?***

Si je reprends chacune de mes raisons et que je les analyse, voici le sous-texte :

1. J'ai des gênes pourris…
Croyance 1 : je ne suis pas capable de changer de corps, la génétique m'en empêche.

Encore une belle excuse pour ne rien faire ! On

connaît plein de personnes qui étaient obèses et qui ont complètement transformé leurs corps. Les réseaux sociaux en regorgent ! Tout est possible dans ce bas monde. Mais je choisis de mettre la faute sur ma génétique. De dire que c'est impossible.

2. J'ai loupé le coche pour être gymnaste/danseuse…

Croyance 2 : Je suis trop vieille.
Croyance 3 : Je n'ai pas assez de temps.

Il est trop tard. Je ne fais plus 10h-15h de sport par semaine. Il n'est jamais trop tard en réalité et même si mon corps a des fragilités, je serais parfaitement capable de recommencer à faire ça. D'ailleurs il était une époque où je sortais danser le rock à Paris quatre fois par semaine pendant deux à quatre heures presque sans m'arrêter. Donc je l'ai fait même à l'âge adulte. Encore une fois ce n'est pas une excuse.

3. C'est chiant la nourriture saine.

Croyance 3 bis : Je n'ai pas assez de temps pour apprendre à manger sain et bon.

Croyance 4 : La nourriture saine n'est pas attractive.

Ok, oui c'est chiant, mais c'est le seul moyen d'avoir un corps sain. Peut-être puis-je y trouver un défi pour rendre la nourriture saine attrayante et bonne ? Pourtant je connais des recettes crues extra et des recettes végétariennes délicieuses. Je n'ai juste pas envie de mettre en œuvre le temps pour apprendre de nouvelles manières de m'alimenter.

4. Je suis accro au sucre.

Croyance 5 : Je suis addict et donc pas capable d'arrêter le sucre.

Ok, encore une excuse que je me raconte à moi-même. Je connais des tas de personnes qui se sont arrêtées du jour au lendemain de fumer/boire/manger du sucre. Ne serait-ce pas encore une excuse ? D'ailleurs, moi-même j'ai plusieurs fois réussi à ne pas manger de sucre (3 semaines était mon record avant d'écrire ce livre). Comme dit le spécialiste de l'addiction Thomas Moricet : « Si on est capable de trouver des stratégies pour se procurer sa drogue de choix, alors on est également capable de trouver des stratégies pour ne plus la prendre. »

5. Si je suis trop attirante, les mecs vont m'emmerder.

Peur 1 : Quand je suis trop mince, les hommes m'agressent.

Alors, là ce n'est plus une croyance, c'est une peur. J'ai peur que les mecs m'emmerdent dans la rue si je suis trop attirante. Bon là, il y a un constat. Je me suis fait emmerder que je sois mal sapée ou bien habillée, avec un décolleté ou sans, avec des kilos en trop ou un poids idéal. Ce n'est donc pas lié à mon attractivité. C'est lié surtout à certains hommes qui n'ont aucun respect pour les femmes dans la rue. On reviendra sur les peurs plus tard.

6. Atteindre le poids idéal est un travail à plein temps.

Croyance 6 : C'est trop difficile de maintenir un poids de forme et ça demande trop d'efforts ou de faire un bébé et de l'allaiter longtemps.

Je base cela sur le fait que quand je suis redescendue à un poids jugé comme idéal, c'est soit parce que j'ai choppé une tourista carabinée en vacances, soit parce que j'ai mangé végan et dansé 4 fois par semaine durant 2 mois et que j'ai eu faim en permanence, soit que j'ai allaité et que je pouvais manger une tablette de chocolat tous les jours et perdre quand-même du poids (c'était magique), soit que j'ai jeûné. Bref, c'est toujours avec des sacrifices que cela venait, jamais avec de la joie sauf quand j'ai allaité (mais je ne peux pas tomber enceinte juste parce qu'allaiter ça fait perdre du poids). Et j'en ai assez de me sacrifier.

7 & 8. Je n'ai pas envie de changer ma routine sportive et mon alimentation.

Croyance 7 : Je pense que j'ai déjà tout essayé. Ça ne marche pas alors pourquoi essayer encore autre chose ?

Croyance 8 : Je fais déjà trop d'efforts pour me maintenir à ce poids, je ne peux/veux pas en faire plus.

Grosse flemme. J'ai la sensation de faire déjà

beaucoup pour manger sain et je fais beaucoup de sport. Je n'ai pas envie de changer mes habitudes. Je préfère rester comme ça que mettre en place un mode d'alimentation plus sain et une activité sportive qui m'ennuie, mais me permet d'avoir un corps plus ferme.

Ça me demande encore des efforts alors que j'ai l'impression d'en faire déjà plein !

9. Je sais très bien que je n'ai plus faim, mais je mange plus que de raison...
Peur 2 : J'ai peur de manquer alors que je vis dans un monde d'abondance où je peux aller m'acheter autant de tablettes de chocolat que je veux et que mon porte-monnaie le permet. J'ai peur qu'on me pique ma tablette alors qu'il n'y a que moi dans la pièce et que je peux très bien décider de la manger doucement. Un carré par jour. J'ai peur qu'il ne reste plus rien pour moi. Pourtant j'ai déjà fait un jeûne et je sais que même sans manger durant 6 jours, mon corps peur résister.

Ah, voilà donc autre chose. Je sais que je n'ai plus faim, mon corps me dit que je suis rassasiée, mais je mange davantage pour en avoir plus que les autres, pour être sûre que personne ne va me piquer mon chocolat. Pour que cette tablette ne soit plus sous mes yeux. Je la cache dans mon ventre comme ça, si elle n'est plus là, je ne serais plus tentée. Jusqu'à ce que j'en achète une autre que je ferais disparaître de la même manière. Là aussi plus qu'une croyance, il y a une peur. Qu'est-ce que ça m'apporte de manger plus que ce que mon corps réclame ? Sur le moment un apaisement de mon angoisse. Une angoisse de ne pas avoir assez. D'être en concurrence. Avec ma sœur ? Mes parents ? Mes amis ? Mon compagnon ? Depuis quand ce comportement est-il à l'œuvre ?

> *À votre tour, si ce n'est déjà fait car vous avez la flemme (c'est dur de s'attaquer à son propre système de croyances et de peurs, j'en sais quelque chose), je vous enjoins de suivre mon exemple. Faites votre analyse de vos croyances et peurs liées à vos plaintes sur vos sujets à vous : travail pourri, relation toxique qu'on ne quitte pas, manque d'abondance, le gouvernement pourri, vos addictions, etc. Trouvez tous vos sujets de plainte et soyez exhaustifs/ves.*

Voilà comment montrer que tout ce système de croyances et de peurs est là, mais que ça ne reflète absolument pas la vérité absolue. C'est juste une histoire que je me raconte et que vous aussi vous vous racontez. Ok, me direz-vous, ça me fait de belles jambes, mais alors pourquoi je me dis ça ?

C'est quoi la blessure derrière tout cela ? Peut-être qu'avant d'aller la chercher, on peut se questionner sur le bénéfice (voire chapitre 3) que nous avons à nous plaindre, à avoir ce système de croyances et de peurs et à rester dans le statu quo. Attention, ça va vous demander d'être parfaitement sincères envers vous-mêmes là encore !

> *Reprenons chacune de nos croyances une à une et allons chercher si c'est une croyance absolue ou relative.*

Pour le savoir, il suffit de se demander si ma croyance est valable pour le monde entier. Une vérité est absolue quand elle est valable pour tout un chacun, sinon c'est une croyance et donc souvent une excuse qui cache autre chose. Je reprends ci-dessous mon exemple pour plus de clarté, mais faites de même avec au moins votre motif principal de plainte dans votre vie et tous les autres motifs si vous êtes vraiment déterminé(e) à en découdre et à comprendre les croyances ou peurs qui se cachent derrière votre immobilisme dans plusieurs domaines.

1. Je ne suis pas capable de changer de corps, la génétique m'en empêche.
⇒ C'est une croyance. Plein de personnes ont prouvé qu'elles pouvaient changer leur corps malgré une génétique peu prédisposante.

2. Je suis trop vieille. Je n'ai pas de temps à consacrer à ça.

➲ C'est une croyance. Plein de personnes ont prouvé qu'elles pouvaient changer leur corps à tout âge et trouver le temps de le faire. Question de priorité. Mais je décrète que je n'ai pas de temps. Encore une croyance. Quand on veut, on peut et on dégage du temps dans son planning. Ça devient la priorité.

3. La nourriture saine n'est pas attractive. Ça va me prendre trop de temps d'apprendre à manger sain et bon.

➲ C'est une croyance. Il existe des recettes crues ou végétariennes dont le goût est exquis. Le goût simple d'un fruit non transformé ou d'un légume à maturité est fantastique. Quant au temps que ça prend, même chose que plus haut… C'est une excuse pour rester dans le statu quo. On a tous appris à au moins se cuire des pâtes et cuisiner quelques plats pour survivre, pourquoi ne pourrait-on pas apprendre une manière de rendre la nourriture saine délicieuse ? Les épices et les aromates ont été créés par la nature pour ça. Et il existe tout un tas de hachoirs, mixeurs et autres ustensiles qui nous permettent d'aller plus vite. Et si on a la flemme d'éplucher, tant mieux, les vitamines sont sous la peau. Il faut juste bien laver ses légumes.

4. Je ne suis pas capable d'arrêter le sucre

industriel, d'arrêter d'être accro.

➲ C'est une croyance. Non seulement j'ai déjà réussi à m'en passer, mais en plus, plein de gens s'en passent dans le monde et plein d'homo sapiens avant l'invention de sucre industriel réussissaient à vivre sans : en réalité tous nos ancêtres. D'ailleurs, ça vient aussi tordre le cou à l'histoire des gênes, ça aussi.

5. Quand je suis trop mince, les hommes m'agressent.

➲ C'est une croyance. Ça n'a rien à voir avec mon poids et je le sais puisque dans mon expérience je me suis fait agresser avec n'importe quel attirail sur le dos et que je sois mince ou plus enrobée. Et ça, ça veut dire que certains hommes sont des malades et ce n'est pas notre faute à nous, les femmes. Ne pas être nous-mêmes par peur des hommes, nous force à subir le diktat de la peur. Sauf qu'il n'y a aucun autre choix que d'être nous-mêmes dans ce monde. J'y reviendrai.

6. C'est trop difficile de maintenir un poids bas et ça demande trop d'efforts ou de faire un bébé et de l'allaiter longtemps (donc énormément d'efforts aussi).

➲ C'est bien une croyance. Notre corps est fait pour nous envoyer un signal de satiété quand nous n'avons plus faim et s'auto-réguler. C'est moi, en ne le respectant pas depuis des années, qui grossis alors que si j'écoutais mon corps en permanence, je n'aurais pas ce problème.

7&8. Je fais déjà trop d'efforts pour me maintenir à ce poids, je ne peux pas en faire plus.

➲ C'est bien une croyance. Déjà, est-ce que je fais tant d'efforts que ça ou bien est-ce un plaisir d'aller courir tous les jours ? Et un plaisir de manger ? Oui ! Manger plus sainement ne me coûtera que l'effort d'investir dans quelques livres de recettes et d'apprendre à manger différemment donc quelques heures de mon temps avant de devenir une routine maitrisée qui ne me prend pas plus de temps.

9. J'ai peur de manquer alors que je vis dans un monde d'abondance où je peux aller m'acheter autant de chocolat que je veux. J'ai peur qu'on me pique ma tablette alors qu'il n'y a que moi dans la pièce et que je peux très bien décider de la manger doucement. Un carré par jour.

➲ Encore une croyance et même une peur. Nous vivons dans l'abondance, les supermarchés sont pleins et la nature tout autour de nous offre des tonnes de choses à manger pour qui sait ramasser et cueillir.

CHAPITRE 3

LES BÉNÉFICES CACHÉS DE LA PLAINTE

Maintenant que vous avez écrit noir sur blanc vos croyances et vos peurs, pouvons-nous ensemble atteindre un niveau plus profond de compréhension de ces croyances et de ces peurs ? Souvent, mon analyste me dit que mon système de croyance et de peurs s'est mis en place pour me protéger dans le passé. Que s'il est encore là, c'est qu'il vient aider une partie de moi blessée. Alors allons-y, plongeons dans mon système de croyances et de peurs et voyons ce que je cherche à protéger. Je vous invite à faire de même.

1. Je ne suis pas capable de changer de corps, la génétique m'en empêche.
⮕ Est-ce qu'en disant cela, je ne suis pas en train de rester loyale à ma lignée féminine italienne mal foutue ? L'archétype de la *mamma* ? Je maintiens la tradition familiale où la nourriture est centrale et un certain embonpoint aussi ! Ne pas

changer pour rester dans le moule ? Surtout je dis que je n'en suis pas capable alors que tout le monde le peut à condition de l'avoir décidé et de s'y tenir. Je pose donc une limite à mon changement. J'affirme même que je ne souhaite pas changer puisque je ne m'en sens pas capable. Quel est le bénéfice caché ? Je me réfugie dans mon incapacité pour continuer à jouir de la vie en mangeant ce que je veux et en ayant les yeux plus gros que le ventre avec la conséquence que je grossis et que je n'aime pas mon corps. En vérité, j'aimerais continuer à manger toujours plus et je suis contrariée que mon corps grossisse. Pouvoir changer nécessite de mettre en place une nouvelle dynamique et d'arrêter de manger des choses certes délicieuses, mais non saines pour mon corps. En fait, la vérité, c'est que je ne suis pas prête à y renoncer. D'où le statu quo. C'est donc le bénéfice caché. Continuer à manger des choses que j'aime, mais qui ne sont pas bonnes pour moi. Après, la vérité dans mon cas, c'est que tout est dans l'équilibre. Je peux très bien continuer à manger ces choses non saines pour moi à partir du moment où je m'arrête quand je n'ai plus faim. La difficulté c'est que pour le moment je n'y arrive pas. À cause de la croyance ou peur de manquer… À creuser donc.

2. Je suis trop vieille. Je n'ai pas de temps à consacrer à ça.

➲ Il y a deux choses ici : le temps qui passe et

le temps que ça prend. Je dis donc que je ne souhaite pas passer du temps à apprendre à manger sainement. Car oui, apprendre de nouvelles recettes, de nouvelles manières de manger, ça demande du temps. Je me trouve aussi une excuse : je suis trop vieille. Le bénéfice caché est toujours de justifier de continuer à manger les choses que j'aime en excès sans me remettre en question, sans décider que mon corps est un temple et que penser que je vais continuer à y mettre n'importe quoi en grande quantité sans respecter ma satiété, va donner un autre résultat que grossir. Dire qu'il est trop tard c'est se retrancher derrière une incapacité relative et ne pas faire le travail. Serge Reggiani est devenu un artiste connu à la soixantaine. Il n'est donc jamais trop tard. L'auteur de *Kau dich gesund* (Mâche pour être en bonne santé) était obèse à la trentaine avant de devenir gourmet et mince tout le reste de sa vie. Dire qu'on n'a pas le temps permet de consacrer plus de temps aux autres choses qui nous font vraiment plaisir et ainsi de ne pas se concentrer sur ce qui ne va pas. On se dit trop occupé pour ne pas s'attaquer à ce qui fait mal, voilà le bénéfice caché.

3. La nourriture saine n'est pas attractive. Ça va me prendre trop de temps d'apprendre à manger sain et bon.
 ➲ Même chose que plus haut. Le bénéfice caché est toujours de continuer à manger ce que j'aime pour ne pas changer.

4. Je ne suis pas capable d'arrêter le sucre industriel, d'arrêter d'être accro.

⮕ Même bénéfice caché. De plus, c'est faux car je l'ai déjà fait. Et puis, je ne vais pas confronter le problème au cœur de l'addiction en me disant que je ne peux pas m'en passer.

5. Quand je suis trop mince, les hommes m'agressent.

⮕ Le bénéfice caché est toujours le même. Continuer à manger ce que j'aime. Et puis aussi je me cache derrière ma peur des agressions pour m'empêcher d'être la femme canon et sexy que je rêve d'être pour continuer à jouer le rôle de la petite enrobée qui soi-disant me prémunirait des agressions.

6. C'est trop difficile de maintenir un poids bas et ça demande trop d'efforts ou de faire un bébé et de l'allaiter longtemps (donc énormément d'efforts aussi).

⮕ Toujours la même chose. De plus, je dis tout haut que je ne souhaite pas faire d'efforts pour changer. En fait, ça me permet de continuer à manger des sucreries que j'aime (ou crois aimer puisque le sucre est une drogue puissante).

7. Je fais déjà trop d'efforts pour me maintenir à ce poids, je ne peux pas en faire plus.

⮕ Pareil, je justifie que je ne veux pas faire plus d'efforts que je n'en fais déjà.

8. J'ai peur de manquer alors que je vis dans un monde d'abondance où je peux aller m'acheter autant de chocolat que je veux. J'ai peur qu'on me pique ma tablette alors qu'il n'y a que moi dans la pièce et que je peux très bien décider de la manger doucement. Un carré par jour.

➲ Ici la justification c'est manger plus de ce que j'aime et de continuer à manger plus que les autres, de me resservir et d'assouvir un besoin presque intarissable. Nous verrons les causes plus tard.

9. J'ai peur qu'il ne reste plus rien pour moi. Pourtant j'ai déjà fait un jeûne et je sais que même sans manger durant 6 jours, mon corps peur résister.

➲ Toujours le même bénéfice.

Ok, finalement qu'est-ce que montrent tous ces bénéfices cachés ? Que je souhaite continuer à manger ce que j'aime, mais sans grossir et sans changer. Bref, sans faire d'efforts.

Voici la véritable question : est-ce possible de faire ça ? La réponse est : oui. En mangeant en conscience, toujours à sa faim et en arrêtant de manger quand je n'ai plus faim. Puis-je faire cela ?

Pour le moment non car je ne comprends pas encore tous les mécanismes qui me poussent à agir ainsi. Ça m'arrive quelques fois, mais pas de manière systématique. La question centrale ici est : y'a-t-il encore autre chose que les croyances, les peurs et les bénéfices cachés qui m'empêchent de changer ?

CHAPITRE 4

LES MÉCANISMES INCONSCIENTS

À chaque fois, que j'essaie de manger en conscience, c'est à dire en savourant chaque bouchée et sans penser à autre chose qu'à la nourriture que je mâche, c'est comme si mon corps me criait non, c'est une perte de temps. J'ai pris l'habitude de me concentrer sur tout, sauf sur ce que je suis en train de mastiquer. Je lis, je regarde une vidéo, je parle si je suis à table avec d'autres personnes, j'appelle quelqu'un si je suis seule. Cela fait très longtemps que je n'ai pas vraiment apprécié la nourriture dans mon assiette. Pire, je mange hyper rapidement et j'engloutis tout le plus vite possible, comme si la nourriture était une perte de temps. Je ne me souviens pas la dernière fois où j'ai vraiment savouré quelque chose.

D'où vient ce mécanisme ? Pourquoi je me dépêche de manger ? Pourquoi j'avale le plus rapidement possible et pourquoi surtout, quand mon corps me dit stop, j'outrepasse son message et je continue à manger comme si de rien n'était tout en sachant très bien que je vais sûrement être punie en ayant des crampes d'estomac, une digestion difficile, des flatulences, l'envie de somnoler (très souvent quand je mange des choses à base de sucre industriel, je me sens tout à coup fatiguée) ?

Je sais toutes ces choses et pourtant je continue à les faire alors qu'elles font du mal à mon corps. Il y a donc un mécanisme délétère en place. Comme l'alcoolique qui a besoin de sa dose et se tue à petit feu. Ce mécanisme est un peu comme les croyances de tout à l'heure. C'est là pour que je continue à protéger quelque chose, mais quoi ?

Ma loyauté aux femmes de ma famille ? Je ne pense pas, mais je ne peux pas tout à fait l'écarter.

Ne pas être dans l'instant présent et ne pas manger en conscience, aborder chaque repas comme à la fois un moment de rassasiement et une épreuve (je vais être jugée si je mange trop rapidement, je ne sais pas si je vais réussir à ne pas manger au-delà de ma faim), cela me permet de me détourner. Mais de quoi ?

Tiens après avoir écrit ces lignes, je suis allée manger tout à l'heure mon diner, sans une grande faim mais davantage parce qu'il était l'heure. Et je me suis dit, je suis seule, parfait, je vais manger en conscience. Au bout de deux minutes, je me suis posé une question, je suis allée voir sur mon portable la réponse et là sans même que je m'en rende compte, je me suis retrouvée plongée dans mon téléphone, mangeant machinalement. Quand je m'en suis rendu compte, j'ai hésité à me remettre dans la conscience de ce que je mangeais.

Alors que se passe-t-il ? Pourquoi j'évite absolument d'être consciente de moi-même au moment où je mange ? La réponse me semble être dans la question. Je pense que j'engloutis pour oublier d'être consciente. D'ailleurs, je me souviens d'avoir lu qu'avant de manger, il était important de vérifier dans quelle émotion on se sentait. Si j'y réfléchis, je pense que je me suis dit d'avance : « Oh que ça va être chiant de manger en conscience ! ». Dès le départ, je me mets en stress de ne pas y arriver car je trouve ça ennuyeux. En fait, c'est comme si je ne trouvais pas d'intérêt au goût des choses dans ma bouche. Mais pourquoi donc ? Manger est l'un des plaisirs les plus grands sur cette terre !

J'ai écrit ces lignes il y a quelques jours et vu la rupture que je traverse en ce moment, je me retrouve seule face à la nourriture et mes émotions et devinez quoi ? Ça fait trois jours que je réussis à manger certes pas tout à fait en conscience encore car je vois bien que mon esprit cherche toutes les raisons pour ne pas le faire, mais en tous les cas, j'ai arrêté de manger au-delà de ma faim. Et je me rends compte que je cuisine systématiquement des grandes quantités, alors qu'en fait mon corps se rassasie extrêmement vite. Mais en dehors de mon exemple, est-ce pareil pour vous ? Avez-vous observé quels mécanismes en plus de la plainte vous mettez en place pour éviter de faire la chose qui serait bonne pour vous ? Changer de travail, de conjoint(e), d'habitude délétère comme les drogues.

Il y a quelques années je vivais en Allemagne et je ne sais plus comment, je suis tombée sur un livre qui s'appelait *Kau dich gesund* ce qui littéralement veut dire « mâche pour être en bonne santé ». Dans ce livre un acteur auparavant obèse expliquait comment en voyant son chien se délecter d'un vieux crouton de pain dur et mettre un bon quart d'heure à le déguster, il avait eu l'idée de faire la même chose. La surprise fut alors que lorsqu'il prenait vraiment le temps de mâcher en faisant revenir du fond de la gorge sur le palais les aliments pour les imprégner de plus de salive et activer encore plus les sucs digestifs tout en appréciant à quel point le goût n'en était que rehaussé, il avait réappris à manger et non engloutir sa nourriture et à devenir gourmet plutôt que gourmand perdant presque naturellement les centaines de kilos accumulés. Il s'était même fixé de compter le nombre de masticatio ns par bouchée et voyait s'il pouvait aller toujours plus loin dans le compte. Ce livre m'avait beaucoup marqué et j'avais tenté de mâcher davantage et de prêter attention à la nourriture et à mon niveau de satiété. Ça n'avait pas fonctionné très longtemps...

Je ne sais pas si d'analyser toutes mes croyances et ce que je veux vraiment (ne pas changer de régime alimentaire) et d'en prendre conscience ces derniers jours a fait que tout d'un coup j'arrive justement à être en conscience quand je mange, mais ça fait trois jours que j'ai du chocolat à la maison et que je n'ai pas fini la tablette. Ce qui ne m'était jamais arrivé jusqu'ici. J'ai minci alors que ça fait des mois que je ne mincissais plus. Et j'arrête de manger quitte à garder les restes pour plus tard, alors qu'avant je me serais empiffrée et aurais fini mon assiette coûte que coûte avant.

Mais revenons-en aux mécanismes. Clairement, lorsqu'un mécanisme inconscient s'enclenche, c'est qu'il y a une émotion qui se manifeste. Soit elle est franche (on est en pleurs, on est en colère ou fâché par exemple), soit on ne se rend pas vraiment compte qu'elle est là. Il y a quelque chose en sous-main, mais on ne discerne pas trop quoi consciemment.

> *Je vais donc vous demander là maintenant tout de suite, ce que vous ressentez en lisant ces dernières lignes. Avez-vous identifié un comportement que vous faites machinalement ou même un mécanisme qui s'enclenche systématiquement ou une addiction, comme le sucre dans mon cas lié à votre plainte principale ? Et quelle émotion y associez-vous ?*

Par exemple : est-ce que vous mentez

systématiquement ? Est-ce que vous ponctuez tout le temps vos phrases d'un rire ? Moi, je suis passée experte en la matière : dès que je dis un truc hyper grave, par exemple je parle de la mort récente d'un proche, je ris à la fin de ma phrase. À tel point que les gens qui m'appellent au téléphone se demandent si je me moque d'eux tellement je ris à chaque fin de phrase alors que c'est un rire machinal. Est-ce que vous avez besoin de vous masturber ultra fréquemment ou de regarder des images pornographiques ? Est-ce que vous buvez de l'alcool dès le soir venu ou carrément dès le réveil ? Est-ce que vous prenez des drogues pour échapper au quotidien ? Est-ce que vous vous jetez sur les mondes virtuels pour vous évader au point d'oublier d'aller aux toilettes, de vous laver ou de manger ? Je parle en connaissance de cause sur ce dernier point : j'ai joué à Final Fantasy 7 quand j'avais 21 ans et je suis restée 10 jours à attendre le dernier moment pour aller aux toilettes, à manger le plus rapidement possible et à me laver un jour sur 2 voire même 3, tellement j'étais accro au jeu. J'ai d'ailleurs arrêté de jouer aux jeux vidéo à la suite de ça car j'ai vu à quel point j'allais être en échec dans mes études et ma vie si je continuais.

Dans quelle émotion êtes-vous avant de vous adonner à ce mécanisme ou à succomber à votre addiction ?

Je sais par exemple que quand je passe devant une boulangerie ou si je suis au supermarché, j'ai peur de manquer et du coup je vais chercher quelque chose pour calmer cette peur. Je sais aussi que j'ai vraiment commencé à déconner sur la nourriture quand j'ai perdu ma mère à l'âge de 15 ans.

Notre père nous donnait de l'argent de poche et n'était pas là avant le dîner. En sortant du collège, j'allais acheter du pain et soit un paquet de gâteaux, soit une tablette de chocolat. Et je mangeais la demi-baguette entière avec du beurre et parfois la tablette ou les gâteaux aussi alors que je n'avais plus faim depuis la première ou la deuxième tartine. C'était tellement d'un coup à digérer que j'allais me coucher. Quand venait l'heure du diner, je n'avais pas faim, mais je mangeais encore. À cette époque-là, j'étais en dépression sans le savoir et la nourriture était ma soupape pour débrancher de la réalité qu'il n'y avait plus personne à la maison pour me réconforter. Je pense que j'ai dû développer ce rire systématique aussi comme pour m'excuser d'assener des choses aussi graves que « ma mère est morte », ce qui ne manquait jamais de choquer les gens et de provoquer leur commisération alors que ce dont j'avais vraiment besoin c'était qu'on me prenne dans les bras et qu'on me réconforte.

Le mécanisme est donc là pour une raison : dans mon cas, manger tellement que je faisais la sieste tous les jours pour digérer et donc littéralement comater durant une ou deux heures pour m'échapper de la réalité. Quant au rire, clairement, c'était un moyen de dédramatiser l'horreur du vide laissé par ma mère dans ma vie.

Pouvez-vous vous souvenir à quand remonte votre mécanisme ? Quand s'est-il mis en place ? Quelle émotion a été à sa source ? Moi personnellement ce fut le désespoir, l'envie de mourir dans un monde qui n'avait plus de sens sans ma mère, le besoin de me remplir car je n'avais plus ma source de câlins, de réconfort et de soutien à la maison dans une période charnière de l'adolescence. Et ces derniers temps, je n'ai fait que manger toujours plus depuis… la mort de mon père il y a quelques mois. Même cause, même effet. En moins fort quand-même car je n'en suis plus à m'abrutir de nourriture pour dormir et supporter la vie. Mais tout de même, ça fait des mois que je mange au-delà de ma faim.

J'ai aussi traversé une période très instable avec mon ex-compagnon qui s'est soldée par plusieurs ruptures. En gros, je souhaite des choses qu'il ne souhaite pas dans la relation. Il m'a fait croire qu'il avait les mêmes projets de vie que moi avant de ne jamais agir en ce sens. Et ça faisait des mois que je m'écrasais pour rester avec lui alors que mes besoins fondamentaux dans la relation n'étaient pas respectés. La recette parfaite de l'insatisfaction qui dans mon cas mène directement au fait de manger au-delà de ma faim et d'être accro au sucre.

Parfois, l'origine des mécanismes peut paraître floue. Il y a un principe très connu des victimes de viol : l'amnésie traumatique. Pour survivre face à un agresseur qu'elles croisent régulièrement, les victimes peuvent carrément oublier qu'elles ont été victimes de viol, mais leur corps lui, sait. Ce qui fait que des années plus tard, au moment où le corps parle via une maladie ou un autre choc similaire comme une agression, elles entament une thérapie et l'amnésie se fissure au moyen de flashs. Elles se souviennent alors de l'identité de l'agresseur, du comment et du quand. Si vous avez un comportement identifié dont vous n'arrivez pas à localiser l'origine ou même l'émotion qui y mène, allez consulter. Tentez en méditation de demander à votre corps de vous donner des réponses et soyez attentifs/ves aux flashs, synchronicités ou coïncidences qui pourraient advenir.

C'est en lisant le journal intime de ma mère qui mangeait au-delà de sa faim et était accro au sucre comme moi des années après sa mort que j'ai compris les raisons profondes de ce que je vivais : la nourriture compensait à chaque fois que je m'ennuyais ou que j'étais mal émotionnellement la sécurité et l'amour que je n'arrivais pas à trouver à l'intérieur de moi et encore moins à l'extérieur. Tout comme elle. Lourd héritage. Là encore, je m'en *plains*, mais comme tout héritage, on peut le refuser… J'espère que vous aurez pu à votre tour identifier les mécanismes de votre mal-être, vos émotions liées à ce mécanisme et ce qui vous empêche d'agir et de changer.

CHAPITRE 5

LES INJONCTIONS

S'il y a bien une autre chose qui fausse la donne quand on essaie de changer une habitude, ce sont les injonctions. Elles peuvent être une des raisons pour lesquelles nous nous plaignons, mais d'une manière peut-être plus cachée, plus inconsciente.

Les injonctions sont les commandements de nos parents, de nos éducateurs, de la société toute entière, mais surtout des gens qui nous élèvent. Elles peuvent être dégainées par nos parents dans l'enfance comme dans l'adolescence et peuvent être en partie responsables de notre enlisement dans la plainte. Dans mon cas, l'exemple le plus simple est que mon père ne supportait pas que je ne finisse pas mon assiette. Sûrement parce que dans sa famille ça ne passait pas (après tout il est né pendant la guerre de 39-45 et il n'y avait pas grand-chose à manger en ce temps). Et du coup, il voyait comme du gâchis le fait que je ne finisse pas, alors que ma mère trouvait ça ok. Par conséquent, j'avais le top combo, des injonctions contradictoires ! Allez faire votre beurre là-dedans ! Alors selon que vous voulez faire plus plaisir à papa qu'à maman, vous choisissez votre camp. Ça peut être bien de faire enrager l'un un jour et l'autre le lendemain...

L'autre jour, ma cousine me racontait que son nouveau compagnon mettait un point d'honneur à toujours laisser quelque chose dans son assiette parce que l'injonction dans son enfance avait été de la finir. Ça faisait rager ma cousine qu'il laisse une bouchée parce que chez elle dans son enfance, il fallait que tout soit terminé qu'on aime ou pas ! Tout dépend si adulte vous êtes encore dans la transgression.

Ce qui est sûr, c'est que le fait de me sentir plutôt obligée de finir mon assiette du côté de mon père puisque ma mère me laissait tranquille que je mange ou pas, m'a fait intégrer cette injonction qui encore aujourd'hui fait que j'ai du mal à ne pas finir, même si j'ai un compost ou la possibilité de mettre au frigo ou au congélateur et de manger le tout un autre jour. La conséquence est que je me plains de grossir parce qu'on m'a appris à finir mon assiette. Je me sers de l'injonction pour continuer à me plaindre. Pareil, la société qui nous montre des mannequins filiformes me fait me plaindre que c'est un but impossible à atteindre me permettant d'abandonner tout de suite l'objectif de changer et de continuer à me plaindre toujours plus. En fait, l'injonction est une excuse de plus à rajouter dans tout l'arsenal des excuses que j'utilise et que vous utilisez vous aussi pour ne pas aller à la racine du problème.

> *Je vous propose de faire le tour des injonctions encore actives dans votre vie et qui vous viennent en tête sans peine. Quelque chose venu des parents, grands-parents, oncles et tantes, frères et sœurs, des professeurs, de la société ou tout autre personne qui vous a éduquée. Puis, je vous propose de reprendre la liste de tous vos sujets de plainte et de réfléchir si des injonctions parentales, sociétales ou autres vous permettent de continuer à vous plaindre et à ne pas agir, vous donnant une parfaite excuse pour rester comme vous êtes !*

CHAPITRE 6

MES LIMITES

Est-ce que le fait de se plaindre ne masquerait pas des limites bafouées en plus de croyances, de peurs, de blessures et de comportements inconscients liés à des injonctions ?

En quittant mon dernier compagnon, dont il est question dans mon précédent livre *Enfin vaginale,* alors que je pensais que c'était l'homme de ma vie, j'ai compris que même si j'avais partagé avec lui mes rêves très rapidement dans la relation c'est à dire, faire un enfant, vivre avec lui dans la ville côtière où j'avais déménagé et me marier avec lui et bien au bout de trois mois, il me disait qu'il ne voulait plus d'enfant (il en a trois) bien qu'il m'ait fait croire au début de la relation qu'il était prêt pour tout ça. Il justifiait la chose en me disant qu'avant de me rencontrer il avait fait une croix sur le fait d'avoir des enfants, qu'il s'était emballé au début de la relation et que finalement il n'en voulait pas, que ses enfants ne souhaitaient pas vivre dans ma ville et qu'ils souhaitaient rester dans la leur et que lui-même ne voulait pas déménager à cause de son boulot malgré que son rêve soit de vivre au bord de la mer comme moi. Il n'avait même pas divorcé de sa femme dont il était séparé depuis cinq ans et n'a jamais divorcé durant notre relation malgré mes demandes répétées...

J'aurais dû renoncer à la relation malgré l'amour incroyable et inédit qui nous liait au bout de ces trois mois quand j'ai su que jamais mes souhaits ne seraient exaucés dans la relation.

Je vous laisse lire le livre où je ne fais absolument pas état des dissensions de notre couple tant j'étais aveuglée par l'extase qui a longtemps assourdi mes limites. Et j'ai écrit *Enfin vaginale* un an après le début de notre relation, alors que j'avais traversé les pires déserts de solitude et de rejet de la part de mon désormais ex-compagnon. Mes besoins profonds d'engagement et de refonder une famille n'étaient tout simplement pas respectés. J'ai réussi à le quitter moins de deux années plus tard, après plusieurs tentatives infructueuses quand j'ai enfin compris que par peur d'être privée de son amour dont je croyais avoir tant besoin, j'avais accepté de m'oublier complètement dans la relation et donc de ne pas faire valoir mes limites.

Je me demande souvent si c'est l'amour ou la peur qui guide mes décisions dans toute chose. Là, j'ai clairement dit mon positionnement dès le début, compris au bout de trois mois que cet homme ne ferait jamais ce à quoi il avait souscrit au départ de la relation et je suis restée par crainte de ne plus retrouver un amour aussi fort et aussi pour la sécurité factice que je croyais qu'il m'apportait. Également parce que – je l'ai compris bien plus tard après des mois de séparation –, j'étais accro comme toutes les victimes de manipulation. J'ai compris que ce que j'avais vécu était de la manipulation grâce aux vidéos de Natacha Le Courtois qui est devenue une amie et du psychiatre Bruno Dubos.

Au départ, la personne qui vous manipule vous fait croire que ça y est, c'est la bonne personne pour vous puisqu'elle vous inonde d'amour et coche apparemment toutes les cases. Puis elle ne fait jamais les choses qu'elle dit. Elle teste jusqu'où vous allez et voit bien que vous êtes captif/ve car vous restez alors qu'elle vous fait souffrir. Le coût d'une rupture est tout simplement trop dur à supporter pour une victime à répétition d'abandon. En effet, le manipulateur est à la fois le bourreau qui vous fait du mal en repoussant toujours plus vos limites et le sauveur qui vous donne la dose d'amour dont vous avez tant besoin et dans mon cas c'était carrément l'extase que j'avais cherché toute ma vie.

En faisant des recherches sur la manipulation, j'ai compris... Dans les bons jours d'une relation, les hormones de l'amour sont générées (phénylamine et ocytocine), mais aussi les hormones de la récompense (dopamine) et les hormones du bonheur (endorphines). Ces hormones sont aussi fortes et addictives que la cocaïne et l'héroïne – leur structures moléculaires ressemblent à celles des opiacés –, ce sont des frères chimiques. Et pendant les mauvais jours avec le stress, les disputes, on génère du Cortisol qui fait littéralement dérailler le cerveau et le met en mode survie, rendant impossible de penser rationnellement et donc de fuir.

Je me suis laissée manipuler par ses belles paroles jamais suivies d'actes car je ne savais pas trouver l'amour et la sécurité à l'intérieur de moi. À l'époque, je pensais que seul mon ancien compagnon pouvait me les fournir. J'étais encore très loin de l'amour inconditionnel et de la sécurité que je m'apporte désormais à moi-même et du respect de mes limites. Je n'ai d'ailleurs pas arrêté de grossir en fin de relation car je me réfugiais dans la nourriture qui seule m'apportait le réconfort et la sécurité que je n'arrivais pas à trouver à l'extérieur de moi dans ma relation amoureuse ou même dans ma vie.

Bien sûr, cette relation de manipulation n'est pas arrivée par hasard dans ma vie. Elle est la redite d'une vie d'abus relationnels dans tous les sens. C'est ce que j'ai compris aussi. C'est un schéma familier pour moi. Il est donc plus facile d'aller dans ce type de relation et de revivre cet abus que d'aller vers une relation saine où chacun est respecté dans ses besoins profonds.

Surtout je ne me suis pas choisie. J'ai cru qu'il n'était pas possible de tout avoir en amour puisque le modèle de mes parents m'a bien montré que ce n'était pas possible dans leur cas et que je l'ai reproduit complètement.

Cependant je ne jette pas la pierre à mon ex-compagnon. Lui a réussi à faire respecter ses limites tout au long de la relation. C'était à moi de dire stop, de me respecter et d'être actrice de ma vie au lieu de redevenir une victime. Et je le remercie même de m'avoir poussée dans mes retranchements car c'est en me montrant jour après jour que jamais il ne changerait que j'ai enfin compris ce que je ne pouvais pas croire venant de l'homme que je pensais être *The one…*

Or pour moi le bonheur c'est maintenant, pas dans dix ans ou à l'âge de sa retraite quand il aurait enfin pu déménager avec moi sur la côte libéré de son travail et du bon vouloir de ses enfants. C'est en prenant conscience de tout cela et du rôle de victime que je m'étais encore donné dans cette histoire, que j'ai réussi grâce à beaucoup de thérapie et d'introspection à comprendre enfin ce qui se rejouait dans ma vie et que je ne pouvais plus m'oublier dans une relation pour avoir des miettes d'amour.

Pourquoi je vous raconte tout ça ?

Parce que ma propre limite que je n'ai pas respecté en amour, je ne la respecte pas non plus dans mon corps. Pourtant mon corps me dit stop tous les jours. « Tu as assez mangé. Tu n'as pas besoin de plus. » Mais je l'ignore. Je mange davantage que ma faim. Si quelque chose de sucré me fait envie alors que je n'ai plus faim, je le mange malgré tout.

Donc cette histoire de limite, elle s'applique à tout. À vos relations en particulier car oui, on peut être accro à l'amour que l'autre nous donne si on ne l'a pas trouvé en nous-même. Quand vous ne faites pas valoir vos limites, vous êtes malheureux et aussitôt vous retombez dans vos mécanismes délétères.

La personne qui est accro au sucre, à l'alcool, à la drogue, aux jeux vidéo, aux jeux d'argent, sait de quoi je parle. La limite est là pour être dépassée. On s'en fixe une pour le sport. Pas plus d'un carré de chocolat. Puis c'est 4, puis c'est la moitié de la tablette. On se dit qu'on va en laisser aux autres et puis finalement on l'engloutit toute entière. Et même la deuxième qu'on avait prévue pour le lendemain. J'imagine que c'est pareil pour toutes les addictions. La limite qu'on se fixe est allégrement dépassée face à l'objet de notre addiction.

Alors pourquoi fait-on ça ? On sait que ce n'est pas bon pour nous, on sait pour le pratiquer régulièrement qu'on ne va pas mieux résister cette fois-ci que les autres, mais on le fait quand même avec un résultat toujours similaire : un dégoût de nous-mêmes de n'y être pas arrivés. Une non-compréhension de pourquoi nous nous faisons du mal. Car sur le moment, cela me soulage de manger, boire, jouer, fumer, faire l'amour, me droguer. Mais c'est l'après, quand j'ai dépassé la limite que je n'arrive pas à gérer. La culpabilité de n'avoir pas réussi à dire stop. La défaite alors que j'y croyais une fois de plus. Et c'est d'autant plus difficile que la nourriture est un besoin dans mon cas précis : quelque chose auquel on est confronté tous les jours.

Tiens, je la débusque de nouveau, elle est là, la plainte. *Oh comme c'est difficile de ne pas dépasser la limite !*

À l'heure où je vous écris cela, je suis dans l'avion et ça fait deux jours que je mange plus que de raison. Je n'arrive pas à en déterminer les causes. Je suis en vacances. Peut-être est-ce parce que la rupture est récente, peut-être parce que je suis avec mon enfant et qu'il ne finit pas ses plats et que je me sens obligée de finir alors que je n'ai plus faim (vous vous souvenez, l'injonction paternelle !). Peut-être parce qu'être en vacances = tout est permis.

Je ne me cherche pas d'excuses cependant, je constate juste les faits. J'ai beau écrire ce livre et chercher toutes les raisons, je ne suis pas encore à la mise en application totale. Mais ça va venir. La prise de conscience de tous les mécanismes à l'œuvre est déjà une grande avancée.

Cette histoire de limites en tous les cas me semble ultra importante. Car à chaque fois que la limite est dépassée, elle ravive la souffrance parce que nous ne sommes pas capables de la respecter. Il y a donc un aveu d'impuissance de la part de tous les addicts et de toutes celles et ceux qui n'arrivent pas à dire stop à leurs relations toxiques. Le même aveu d'impuissance et de non volonté de changement qu'il y a dans la plainte. Et oui, tout se rejoint. Sauf que lorsqu'on a conscience de cela et qu'il nous faut toujours plus de notre drogue de choix pour obtenir le même état extatique qu'au début, au final on se dit qu'on reviendrait bien au moment où nous n'avions pas besoin de dérivatif pour combler le manque. Car au passage, nous nous détruisons à petit feu. C'est cette conscience qu'une expérience sans destruction est encore possible qui peut enfin nous faire basculer du côté de l'action en commençant un travail d'introspection et de compréhension nécessaires avec ce livre ou avec un thérapeute.

Alors comment fait-on ? Comment au-delà de tout ce travail de compréhension de nos plaintes, de nos croyances, de nos injonctions et de nos limites, peut-on enfin avancer et surtout agir ?

CHAPITRE 7

MES BLESSURES

Avant de plonger dans l'action, il y a une dernière chose à analyser et je ne saurais trop vous conseiller de faire ce travail avec un(e) thérapeute de votre choix. Ce sont vos blessures.

Derrière toutes ces plaintes, ces addictions, ces souffrances, il y a un petit enfant blessé.

Selon Lise Bourbeau, il y aurait 5 blessures : le rejet, l'abandon, l'humiliation, la trahison et l'injustice. Et puis il y a aussi des réactions : la colère, la peur, l'impuissance, la culpabilité, la honte.

J'ai récemment lu le livre de Natacha Calestrémé, *Trouver ma place*. Pour moi, il est d'une grande aide pour comprendre toutes nos épreuves, celles de nos parents et de nos aïeux et ce qui se rejoue tout le temps en boucle dans nos vies. Je ne saurais trop vous conseiller de le lire et de passer du temps à analyser tout cela. J'ai compris grâce à cet ouvrage que l'épreuve de ma mère d'être malheureuse en amour n'était pas la mienne et que même si je croyais avoir enfin trouvé la relation ultime, elle ne me permettait pas de choisir l'amour de moi. J'y restais par peur de ne plus jamais vivre une relation d'une telle intensité avec quelqu'un d'autre, tout comme elle.

Prendre conscience de nos blessures, de nos épreuves, de leur répétition dans nos vies et du transgénérationnel qui se joue peut-être là est extrêmement important pour pouvoir passer à l'action. Car sans comprendre la racine du problème, comment la déloger ?

Par ailleurs, elle donne tout un tas de protocoles pour dépasser tout cela. Si vous n'avez pas l'argent pour aller chez le psy ou tout autre thérapeute de votre choix, ce livre vous fera faire un travail en profondeur tout comme celui-ci d'ailleurs je l'espère.

Prenez toutes les situations pénibles que vous avez vécues et faites un tableau avec une première colonne qui décrit la situation, une deuxième qui donne le nom de celui ou celle qui l'a infligé (ça peut être vous-même) et une troisième avec ce que vous avez ressenti lorsque ça s'est passé : rejet, abandon, humiliation, trahison, injustice, colère, peur, impuissance, culpabilité.

Faites la même chose ensuite avec votre père, votre mère, vos grands-parents, vos oncles, vos tantes, vos cousins et cousines, mais pour tous les membres de votre famille, choisissez seulement deux émotions que vous pensez qu'ils ont ressenti. Peu importe si c'est juste ou pas. C'est votre perception qui est importante. Puis soulignez toutes les situations similaires dans votre famille. Vous allez voir qu'il y a des choses qui se répètent à chaque génération.

J'ai pris en co-voiturage un homme dont la femme a fait non pas un, mais quatre dénis de grossesse ! Je ne savais même pas que c'était possible...

> *En le questionnant, je me suis rendu compte que leurs parents respectifs avaient eu des enfants hors mariage qui n'avaient pas été acceptés par la famille « officielle ». Il n'avait jamais fait le rapprochement que peut-être ces dénis étaient liés aux dénis des enfants illégitimes de leurs pères et mères respectifs. Une fois que vous avez trouvé les situations qui se répètent, déjà vous allez comprendre que ce n'est pas uniquement votre histoire, mais une histoire plus globale qui se joue.*
>
> *Là encore, je vous conseille de faire des constellations familiales, d'aller voir quelqu'un de spécialisé dans le transgénérationnel ou juste de suivre les protocoles dans le livre de Natacha Calestrémé pour prendre conscience que ce n'est plus votre épreuve. Attention, analyser tout cela prend un certain temps. Prévoyez au minimum une heure de temps. Pour faire toute ma famille, j'ai passé au moins trois heures.*

Pourquoi analyser vos blessures ? Parce que dans mon cas par exemple, il y a du côté de ma mère un truc qui se transmet de *mamma* en *mamma* de manger plus que sa faim et d'être addict au sucre. Et que si je ne percute pas qu'en fait, c'est un besoin de sécurité et d'amour non rempli par l'extérieur (ma blessure d'abandon et de trahison) que je comble en mangeant dès que ça ne va pas, alors les chances pour que ça change sont minces voire inexistantes. C'est seulement en comprenant les traumatismes, les blessures et toute la cohorte de mécanismes de compensation que nous avons créé à un moment donné pour lutter contre nos manques non résolus à l'extérieur de nous, que nous pourrons enfin tacler la plainte et passer à l'action !

CHAPITRE 8

RÉCAPITULATIF

Avant de plonger dans l'action, voici donc un récapitulatif des étapes pour analyser la plainte. Pour que vous puissiez y revenir facilement à chaque fois qu'une nouvelle plainte arrivera dans votre vie sans avoir à relire la première partie entièrement.

1. Listez tous vos motifs de plainte dans votre vie.

2. Allez voir ce que cache la plainte en listant toutes les justifications pour vous plaindre.

3. Déterminez si ces justifications sont des croyances en leur faisant passer le test de « est-ce une affirmation universelle (dans ce cas ce n'est pas une croyance) ou bien est-ce un point de vue » ? Pour vous aider, si vous trouvez une exception à votre affirmation, c'est que c'est une croyance.

4. Regardez s'il y a des peurs attachées à ces croyances.

5. Prenez conscience des bénéfices cachés derrière chacune de vos justifications.

6. Analysez s'il y a des mécanismes inconscients : des choses que l'on fait par gêne ou carrément des addictions, des tocs... Cherchez leurs origines en retraçant l'émotion qui les a créés. Voyez si ces mécanismes empêchent la plainte de s'arrêter.

7. Regardez si vous utilisez des injonctions parentales, sociétales ou autres comme excuse pour ne pas regarder les raisons profondes de votre immobilisme.

8. Allez voir quelles limites sont bafouées par vous-même ou les autres dans votre vie. Regardez où vous avez peur. Où vous ne faites pas le choix de vous-même par peur. Ces limites empêchent le changement qui mettra fin à la plainte.

9. Allez identifier vos blessures (de préférence avec un thérapeute). Regardez si des épreuves reviennent à plusieurs endroits de votre vie et analysez les émotions que vous avez ressenties et la ou les blessure(s) associée(s). Essayez de voir s'il n'y a pas du transgénérationnel là-dessous en listant les épreuves de vos aïeux ou collatéraux et en regardant s'ils ne vivent ou n'ont pas vécu la même chose que vous. Si c'est le cas, déterminez que ces épreuves ne vous appartiennent plus et faites ce qu'il faut pour choisir de vous aimer toujours.

Tout ce process va vous prendre du temps, mais faites-le, c'est ultra-nécessaire pour que les changements soient enfin conscients et puissent se faire dans votre vie et éliminer enfin la plainte de votre quotidien ! Dernière chose, ne vous raccrochez pas à l'espoir qu'une personne ou qu'une situation va changer car si vous y croyez encore, alors vous allez rester dans la plainte. C'est à vous de changer car la situation ou la personne qui ne change pas est là pour que justement vous n'ayez pas d'autre choix que de vous changer vous-même !

Et maintenant que vous avez compris qu'il ne sert à rien d'attendre quoi que ce soit des autres, passons à l'action !

PARTIE II
À l'action !

CHAPITRE 9

QUAND LA PLAINTE EST-ELLE RECEVABLE ?

Eh oui, je n'ai pas pu m'empêcher ce jeu de mots… Je me suis d'ailleurs bien gardée de vous dire avant ce chapitre que la plainte peut être positive, mais attention dans un seul cas : c'est lorsqu'elle est suivie d'une action !

La plainte peut être le départ d'une révolte personnelle. On commence par constater des faits, puis se plaindre car les faits ne changent pas. Et tout d'un coup, la plainte devient le moteur du changement.

Car il existe deux types de plaintes : celle qui nous enfonce tout doucement dans le mal-être pour y rester durablement voire nous enliser dans la dépression et celle qui trouve sa source dans l'injustice profonde et universelle, qui révolte et permet d'agir pour la faire cesser. Quand c'est le deuxième cas, la plainte permet de soulever des montagnes.

Vous êtes indigné que le gouvernement ne fasse

rien pour tel sujet et vous vous en plaignez à qui veut l'entendre ? À un moment donné, vous allez prendre conscience que vous seul(e) et les personnes que vous rallierez à votre cause seront capables de créer un mouvement qui change la donne. D'ailleurs normalement, la plainte ne devrait servir qu'à ça… Nous faire agir ! Car la plainte sans action est une lettre morte qui montre juste notre incapacité à changer.

C'est ok car tout le but du livre est de vous faire prendre conscience de ce qui vous retient encore de changer. Parfois c'est le fait de ne pas accepter que la vie soit différente de ce qu'on souhaiterait. On se sent impuissant(e). On voudrait avoir une baguette magique pour changer tout autour de nous, mais la seule personne que nous pouvons changer, c'est nous-même si le monde tel qu'il est ne nous convient pas. Chercher à changer les autres est une erreur. Le changement est toujours une entreprise personnelle qui ne peut se faire qu'à l'intérieur de nous. Cependant les plus grandes révolutions viennent du creuset de la plainte, elle-même tirée d'un sentiment d'injustice.

Par contre, il est important de voir si cette injustice est personnelle ou si elle est universelle. Par exemple, vous n'aimez pas votre chef et vous vous en plaignez. Est-ce parce que c'est un mauvais chef et tout le monde partage votre avis ou est-ce juste parce qu'il appuie là où ça fait mal pour vous seul(e) ? Cette distinction est importante car elle va vous indiquer l'ampleur du changement à fournir.

Est-ce un changement personnel comme le mien ? Je ne supporte pas qu'on me dise que je suis enrobée donc je change ? Ou bien est-ce une injustice criante car en fait je suis plutôt mince, mais les gens considèrent que je suis enrobée et alors je me lance dans la redéfinition publique de ce qu'est être mince, enrobée, grosse ou obèse en créant un blog, un compte sur les réseaux sociaux et en faisant campagne dans l'opinion publique pour que les canons de beauté soient redéfinis ou que l'on cesse de faire pression sur les corps pour que nous puissions enfin nous accepter tel(le)s que nous sommes ?

J'aurais pu aller dans la deuxième direction. Cependant, je considère que cette longue plainte sur mon poids qui a été mienne pratiquement toute ma vie à partir de mes 15 ans, – date de mon premier régime –, ne concerne que moi. Si je ne m'accepte pas telle que je suis, c'est mon problème. Et il est drôle de voir que c'est lorsqu'on m'a renvoyé les mêmes commentaires que ceux que je me faisais à moi-même, que j'ai enfin agi car je ne supportais pas que l'image que j'avais de moi-même soit aussi celle que les autres avaient.

Je vous souhaite de trouver si votre plainte est recevable et qu'elle soit le terreau d'un mouvement universel pour plus de justice. Dans tous les cas, il n'y a qu'un choix. Agir. Car continuer à se plaindre sans agir n'est plus une option si vous m'avez lu jusque-là. Cela vous condamne à être malheureux(se), à vous apitoyer sur vous-mêmes et à vous prendre pour une victime.

Le propre d'une victime étant de se faire plaindre (tiens donc !). « Oh la pauvre elle a des kilos en trop qu'elle n'arrive pas à perdre ». Quand je lis cette phrase je la trouve ridicule dans mon cas.

> *À vous, faites la liste de ce que vous aimeriez qu'on dise de vous en tant que victime.*
> *« Oh la/le pauvre, elle/il (complétez)*
> ....
> ....
> ....
> ....

Vous allez pouvoir un instant vous mettre à la place des autres et observer comment ils vous voient ou comment vous aimeriez qu'ils vous plaignent. Et maintenant riez-en ! Riez de votre statut de victime. À gorge déployée ! Rendez-vous compte à quel point c'est ridicule de vouloir être plaint. Qu'est-ce qu'on en retire vraiment ? Quel est le bénéfice caché derrière tout cela ? Enlevez les couches de victime une à une et allez voir qu'est-ce qui vous sert dans cette plainte, cette couverture bien chaude qui vous permet de rester paralysé(e) et de ne pas agir dans votre vie.

Exercice d'imagination
(Idéalement fermez les yeux après chaque phrase et laissez votre cerveau mettre des images, sons, sensations jusqu'à ce que plus rien ne vienne, puis passez à la phrase suivante).

Imaginez que vous avez surmonté le sujet de votre plainte. Reprenez le motif de votre plainte et ce que vous avez fait concrètement pour qu'elle cesse : par exemple vous avez quitté votre travail que vous ne supportiez plus, vous avez pris en main votre corps que vous trouviez trop gros ou trop maigre, vous avez arrêté de vous réfugier dans une addiction parce que la vie réelle était trop dure à supporter (si vous ne savez pas comment vous sortir concrètement de la situation, imaginez juste que c'est derrière vous et le soulagement que vous éprouvez).

Vous êtes bien. Dans la même insouciance que vous avez connu enfant, quand rien ne comptait que l'instant présent. Vous savez au plus profond de votre âme que la plainte est derrière vous.

Maintenant, même quand vous voyez des gens se plaindre autour de vous, vous détournez la conversation pour l'amener sur un sujet de réjouissance. Vous êtes la première/le premier à aller chercher les avantages sous la plainte. Vous êtes fière/fier du chemin accompli. Faites un scan de votre corps : la plainte n'y est plus. Vous avez cessé d'être une victime. Vous êtes l'héroïne/le héros de votre vie. Imaginez ce que c'est que d'être vous sans ce bagage de victime. Imaginez toutes les opportunités qui s'offrent à vous maintenant que vous avez changé ou accepté la situation.

CHAPITRE 10

ET SI AU LIEU DE SE PLAINDRE, ON SE RÉGALAIT DE LA VIE ?

Imaginons comme dans mon exemple sur la pluie au tout début de ce livre, que nous faisions une petite gymnastique mentale pour qu'à chaque fois que nous nous surprenions en train de nous plaindre, nous cherchions plutôt le bénéfice caché et que nous tournions une situation a priori pas terrible en quelque chose de positif. Comme quand quelqu'un a eu un accident : ce ne sont que des dommages matériels et on se réjouit parce que la personne est saine et sauve.

Tiens, par exemple, j'ai un oncle qui lorsqu'il travaillait se plaignait sans cesse du patronat jusqu'à ce qu'il parle avec mon père, dirigeant d'une petite entreprise et qu'il lui fasse voir un autre point de vue : que tous les patrons ne sont pas des salauds et qu'ils travaillent eux aussi hyper dur pour que tout le monde puisse avoir un salaire à la fin du mois et que leur boite peut fermer à n'importe quel moment s'ils ne trouvent pas de clients. Je ne dis pas que tous les patrons travaillent dur, ni même qu'ils ne sont pas inhumains pour certains, mais pour moi, on ne peut pas généraliser et si on n'est pas content de son patron, alors autant changer de crémerie ou créer sa boite (si on a bien sûr fait le travail d'analyse de cette plainte).

Imaginons que des ouvriers se mettent en grève parce qu'un patron menace de fermer une usine pour la délocaliser. Alors ok, je vous le concède, ce n'est pas une situation très jolie, jolie. Difficile de voir le positif. Pourtant, une action commune des salariés peut les souder et empêcher le patron de faire cela, leur faire prendre conscience que peut-être ils peuvent reprendre l'entreprise et la faire tourner tous ensemble (ça s'est déjà vu) et peut-être que la fermeture de leur usine va leur permettre de faire un métier pour lequel leur compétences sont plus adaptées et de partir avec un petit pécule et/ou une formation leur permettant de se reconvertir. Bref, il y a forcément quelque chose de positif dans tout cela, même si à première vue, ça ne semble pas être le cas.

Pareil pour une maladie qu'elle soit bénigne ou grave. N'est-ce pas l'occasion de faire une pause dans sa vie, de se concentrer sur soi, de faire le bilan ? N'est-ce pas le corps qui nous dit que continuer comme ça va nous mener directement au mal-être ou à la mort et que peut-être il serait bon d'envisager de changer de manière de vivre ? Bref, la maladie par bien des aspects peut, elle aussi, nous amener à renaitre. Elle peut être vue comme un signal certes très douloureux du corps qu'on n'a pas digéré quelque chose émotionnellement ou qu'un changement est nécessaire.

Je vous le concède, il est extrêmement difficile de ne pas être dans la plainte quand on est malade car on souffre énormément et je connais peu de personnes capables de supporter la douleur physique sans se plaindre à part les saints et saintes qui revivent la passion du Christ tous les vendredi et quelques rares exceptions capables de voir que leur maladie était une bénédiction et qu'elles n'auraient sans ça pas vécu des expériences de mort imminente ou autre joyeusetés qui ont changé leur vision de la vie comme Frédérique Le Marchand par exemple[2].

Je sais que c'est carrément une révolution que je nous demande à nous les français, mais ça pourrait devenir un jeu. Si on trouvait à chaque fois le bénéfice caché dans la situation plutôt que de se plaindre, peut-être que l'énergie positive déployée dès le départ pour débusquer le bénéfice permettrait de dépasser la situation pourrie plus vite, plus allégrement et avec moins de dommages collatéraux pour tous ceux et celles que nous inondons de nos plaintes. Chiche ?

---

2 https://youtu.be/oNFTYQ8usNwsi=cvPpbfrAakuqsfl_

CHAPITRE 11

JE M'ENGAGE ENVERS MOI-MÊME

Cela fait plusieurs mois que j'ai commencé à écrire ce livre et même en ayant pris conscience de mes plaintes et de tout ce qui ne va pas, je n'ai pas bougé. J'ai oscillé entre manger en conscience et à ma faim beaucoup plus qu'avant tout de même et manger beaucoup plus que ce dont mon corps a besoin, à me goinfrer de cochonneries et à me plaindre que mon corps n'est pas comme je le souhaiterais. Mon miroir et ma balance me confirment tous les jours ce que je vois bien à l'extérieur de moi également. Je lis dans les livres que mon corps est mon temple sacré. Je sais que tout est possible. Si tout est possible, je peux changer, mais je ne le fais pas.

Est-ce que la volonté seule suffit ? Est-ce que décider que demain, je ne mangerais que si j'ai faim, j'observerais à chaque bouchée mon corps pour vérifier si j'ai encore faim comme le fait mon enfant qui remplit son assiette un tout petit peu et ne se ressert jamais (sauf du dessert).

Qu'est-ce qui m'empêche de faire cela ? Qu'est-ce qui m'empêche de décider que désormais je vais devenir un de ces corps magnifiques que je vois sur la plage ? Qu'est-ce qui m'empêche de mettre tous les moyens pour devenir cette femme que j'ai toujours voulu être ?

Ce qui m'empêche de le devenir n'est autre que moi-même. Là j'ai fini un paquet de gâteaux en me disant que comme ça, il n'y en aurait plus demain quand je commencerai vraiment à prendre soin de moi. Mais cette décision je l'ai prise 1000 fois déjà : arrêter le sucre, manger uniquement cru, faire un jeûne, puis deux, puis 3. Qu'est-ce qui peut me faire basculer enfin de l'autre côté ? Le sucre me fatigue, je le sens dès que j'en mange. Comment faire le deuil de tous ces aliments que j'adore une bonne fois pour toutes et les voir comme ce qu'ils sont ? Des aliments qui font grossir et qui ne font pas de bien à mon corps ? Comment me réconcilier avec lui et lui donner le meilleur au lieu de lui donner de la merde ? Parce que je ne veux plus être l'Olivia qui se jette sur la bouffe pour résoudre ses problèmes, son ennui ou son manque d'amour ou de sécurité. Il y a ceux qui proposent de remplacer l'appel de l'addiction par une autre habitude. Par exemple quand je veux du sucre, au lieu de me jeter sur une tablette, je vais faire un tour de pâté de maison ou boire de l'eau. Mais pour ma part, ça n'a pas fonctionné.

Il y a la méthode Coué. Je me répète « tous les

jours à tous points de vue, je mincis pour atteindre mon poids idéal » 21 fois. Mais ça ne fonctionne pas. Je me concentre à chaque repas. Je me sers une cuillère de chaque chose. Mais ça ne marche pas. Rien à faire, je retourne toujours à mes travers. Jusqu'à ce que la vie m'ait enfin donné un coup de pouce (pour ne pas dire un coup de fouet ou du moins un coup de pied aux fesses) que je vais vous raconter dans le prochain chapitre.

Mais avant cela, il y a une chose qu'il est important de faire. C'est une petite cérémonie toute bête d'engagement envers vous-même qui scelle que vous êtes seul(e) responsable de votre vie et que tant que vous continuerez à vous plaindre rien ne changera. On ne peut pas changer les autres, alors la seule chose qui reste à changer, c'est nous-même. C'est parti !

Prenez du papier et un crayon et recopiez les mots suivants en complétant quand c'est nécessaire :

Moi, (*prénom, nom*), je m'engage ce …../…../20….. (mettre la date) à arrêter de me plaindre de ……………………………………….
……………………………………….
et à changer la seule personne que je puisse changer : moi-même.
Pour cela, je m'engage à :
……………………………………….
……………………………………….
Et ce de manière durable, pour toute la vie.

Signez et mettez ce papier sur votre frigo, la porte des toilettes ou à un endroit où vous le verrez tous les jours. Gardez-le visible jusqu'à ce que vous n'en ayez plus besoin parce que le changement à opérer est désormais complet et que vous savez que vous avez pris l'entière responsabilité de qui vous êtes, c'est à dire un être heureux de sa vie et qui n'a plus de motif de plainte. Si une autre plainte surgit, vous savez quoi faire désormais.

CHAPITRE 12

L'ÉTINCELLE

Je vous jure que c'est vrai ! Fin juillet 2024, ma cousine vient me rendre visite chez moi pour une semaine. On fait du vélo, on mange équilibré, on va se baigner tous les jours et on s'achète 2-3 pâtisseries, mais bon en gros on se perd 800 grammes dans la semaine. Et puis je me plains comme à mon habitude que les kilos vont revenir une fois qu'on mangera moins bien et qu'on fera moins de sport et elle me dit sans même l'enrober dans un bel emballage cadeau que je suis grasse. Au détour d'une phrase, comme ça...

« TU ES GRASSE ».

Prends ça dans ta gueule ! Comme si ça ne suffisait pas, deux semaines plus tard, mon enfant arrive en vacances, me voit en short et dit devant ma sœur, mon neveu et ma nièce :

« MAMAN, TU AS DE GROSSES

CUISSES ».

Vlan, deuxième gifle en deux semaines de temps, là c'est trop pour moi, mon sang ne fait qu'un tour, je commence à dire à mon enfant d'arrêter, mais il m'enfonce encore plus.

« MAIS C'EST VRAI, MAMAN, TU AS DE GROSSES CUISSES !!! »

Là je me mets à pleurer carrément. Touché ! « La vérité sort de la bouche des enfants », qu'ils disent. Pourtant mon cher miroir miniature ne faisait que dire tout haut ce que je pense tout bas et ma cousine également. Sauf que l'entendre dans la bouche d'un(e) autre qui porte le même jugement que vous sur vous... Ça ne fait pas le même effet !

Et bien croyez-le ou non, toute l'analyse de ma plainte que vous avez lue jusqu'ici a mené à ce moment de grâce. Oui, vous avez bien lu, un moment de grâce (ou de grasse si on peut dire). Car au lieu de me plaindre et de continuer à pleurer, je me suis ravisée – Bon pas tout de suite, il m'a fallu quelques heures pour accuser le coup – et j'ai exprimé à mon fils ma gratitude et à ma cousine dans mon cœur aussi (chérie, si tu me lis).

Voici ce que je me suis dit : « Non seulement je pense ça, mais eux aussi ! Ce qui veut dire que l'image horrible que j'ai de moi, eux l'ont également. » Et là, tout d'un coup, ça n'était plus tolérable. Je suis passée à l'action en moins de deux. J'avais eu la chance de consulter une naturopathe des années plus tôt qui m'avait donné tout un programme. Un programme que je me suis empressée d'envoyer balader car je n'y arrivais pas à l'époque, trop empêtrée dans le manque d'amour de moi et le manque de sécurité. Elle m'avait dit : « Ne t'en fais pas, un jour tu auras le déclic comme moi ». Je l'avais un peu maudite car le déclic, je le voulais tout de suite. Mais le déclic, il n'y avait que moi qui pouvais l'avoir en comprenant ma responsabilité dans ce qu'était devenu ma silhouette. À l'époque, je n'avais pas fait tout ce travail sur moi-même, mes blessures, mes plaintes et les raisons de mon addiction. Mais là, bam, j'avais tout en place. L'extracteur de jus, le cuit vapeur qui va bien et surtout alors même que je continuais à donner des gâteaux pour le goûter à mon fils ou à le voir manger des glaces, pour la première fois je prenais conscience que c'était ma responsabilité à moi seule si j'avais voulu être une petite rondelette toutes ces années et que si je voulais vivre les dernières années de ma vie en arrêtant de me juger et en acceptant enfin mon image et qui je suis, il était temps que je fasse quelque chose. Et là, c'est comme si l'envie de sucre m'était passée. Je ne vous dis pas que je n'ai pas craqué ! Tous les dix jours à peu près j'ai craqué. Mais le fait d'avoir arrêté le sucre industriel à part quelques rares exceptions à partir du 12/08/24 (jour fatidique des *grosses cuisses* !) et de l'avoir remplacé par des fruits, par manger davantage à ma faim sans presque jamais plus la dépasser parce que j'arrivais à m'auto-réguler émotionnellement et que je n'avais plus besoin de la nourriture pour ça, m'a fait perdre deux kilos et demi en deux mois. Alors que ça faisait près d'un an et demi que je ne faisais que grossir et me plaindre !!!

Et je n'ai même plus envie de sucre. Aujourd'hui, il y avait du chocolat gratuit à disposition. Je n'ai même pas craqué !

Cette étincelle venue d'un jugement que j'ai refusé sur moi-même, vous pouvez l'avoir aussi. Pas besoin d'attendre que les gens vous disent que vous êtes un pessimiste fini parce que vous vous plaignez de tout ou que vous êtes en phase terminale d'un cancer du poumon pour arrêter de fumer (ça a marché pour un pote, il ne voulait pas mourir). Non, cette décision, vous pouvez la prendre là, tout de suite maintenant en faisant un petit exercice de visualisation avec moi.

Visualisation

Je vous conseille de l'enregistrer grâce à la fonction dictaphone de votre téléphone portable pour être plus libre de visualiser sans lire. Sinon, je l'ai enregistrée pour vous ici : <https://www.oliviacornevin.com/meditations>

Asseyez-vous confortablement dans un endroit calme. Prenez une première grande inspiration puis expirez toutes les mauvaises énergies de votre corps. Imaginez qu'elles partent loin de vous. Prenez une deuxième inspiration et soufflez les pensées parasites qui sont encore là. Imaginez qu'il n'en reste rien. Inspirez une dernière fois et expirez en sentant la paix à l'intérieur de vous. Puis pensez très fort à votre sujet de plainte favori. Sentez l'énergie de la plainte dans votre corps. Quelle forme a-t-elle ? Est-ce un carré, un rond, une forme insolite ? A-t-elle une couleur ? Une densité ? Ou bien est-ce transparent et à peine perceptible ? Essayez de bouger cette forme de place. Reste-t-elle immobile ?

Ou bien pouvez-vous la bouger avec aisance ? Essayez de l'expulser de toutes vos forces en dehors de votre corps. Il se peut que vous y arriviez du premier coup. Il se peut que vous soyez encore en train d'essayer. Faites votre maximum pour la faire bouger ne serait-ce que d'un millimètre.

Si elle est encore en vous, sentez si le fait de l'avoir changé de place modifie sa texture, sa forme ou sa contenance et goûtez si l'énergie de la plainte a changé. Si elle est en dehors de vous, goûtez ce que ça fait de ne pas sentir l'énergie de la plainte en soi. Dans les deux cas, faites entrer un souvenir de vous avant que la plainte ne s'installe. Comment étiez-vous avant de commencer à vous plaindre ? Convoquez l'image du bébé, de l'enfant que vous étiez et ressentez cette insouciance. Laissez-la vous envahir complètement des pieds à la tête et réinformer votre corps de comment vous étiez avant la plainte. Remémorez-vous l'insouciance dans chacune des cellules de votre corps et fixez cette image d'insouciance dans votre esprit.

Vous pourrez la convoquer chaque fois que vous aurez besoin de vous remémorer les raisons pour lesquelles vous ne souhaitez plus vous plaindre.

Restez un instant encore avec cette image de votre insouciance. Sentez les odeurs associées, retrouvez les couleurs, peignez comme un tableau de ce moment, sentez le goût dans votre bouche, touchez les objets autour de vous, écoutez les sons qui proviennent de ce souvenir. Utilisez vos cinq sens pour ancrer ce moment. Maintenant, prenez une grande inspiration puis relâchez toutes les tensions en expirant. Faites cela encore 2 fois tout en gardant à l'esprit l'image de votre insouciance.

Puis bougez vos orteils, vos doigts, vos mains, vos pieds et rouvrez doucement les yeux.

CHAPITRE 13

AGIR SUR LE LONG TERME

On dit qu'il faut 21 jours pour installer une nouvelle habitude. Pour moi, l'habitude a été prise dès le moment de ma résolution. Elle était tellement ferme, je ne voulais tellement plus ressembler à cette petite femme rondelette que j'avais été que j'ai radicalement changé du jour au lendemain au point de ne même plus avoir envie de manger les gâteaux de mon fils ou de me gaver de sucreries. Non. Je n'ai pas non plus envie quand je vois les autres boire de l'alcool ou manger un dessert. Je suis très heureuse d'être en pleine possession de mes facultés mentales, non altérées par la boisson et surtout je n'ai plus faim après mon plat principal donc je n'ai pas besoin d'un dessert (alors qu'avant peu importe ma faim, j'en prenais un). Cela fait plus de quatre mois maintenant et plus ça va, moins je déroge. Je n'ai tout simplement plus envie de manger mal et voir les résultats sur mon corps, c'est tellement grisant que je n'ai qu'une envie, voir jusqu'où je peux aller. Puis-je retrouver mon poids d'avant la grossesse ? Mon poids d'après la grossesse ? Mon poids d'adolescente ? Bref, je suis tellement curieuse que je ne pense même plus à déroger et surtout j'ai pris goût à ma vie saine. Elle me convient parfaitement. Le déclic est durable et je vous le souhaite également.

Que faire cependant s'il n'y a pas de déclic ou si le naturel revient au galop dans des situations de stress et qu'on se met à se plaindre de nouveau ?

CHAPITRE 14

QUE FAIRE SI ON SE REMET À SE PLAINDRE ?

Vous allez voir que la plainte revient toujours au galop car c'est trop facile de se plaindre de tout et de rien. Et puis on reste français... Il se peut aussi que pour le moment, il y ait encore trop de choses que vous n'êtes pas prêt(e) à accepter de changer chez vous pour éliminer la plainte. C'est ok. Il m'a fallu énormément de temps (des années en fait !) pour atteindre le déclic et tous les exercices que je vous propose dans ce livre et que j'ai fait moi aussi ne m'ont pas menée directement à la réussite. Par contre, ils m'ont permis de conscientiser énormément de choses et de comprendre les raisons profondes de mon excès de sucre et de nourriture et donc de ma plainte de n'être pas celle physiquement que je souhaite être. Et quand on m'a renvoyé en miroir ma propre plainte, au lieu d'exploser en une plainte encore plus grande me confortant dans mon rôle de victime, j'ai compris qu'il était temps d'arrêter.

Tout comme me l'a dit ma copine naturopathe, il est important d'accepter que ça viendra peut-être plus tard. À un autre moment. Et peut-être qu'il y a plusieurs plaintes à régler et qu'elles se dénoueront au fur et à mesure, une à la fois.

Mais peut-être que ça a marché ! Oui, vous avez lu le livre, vous avez fait tous les exercices et vous avez éradiqué vos plus gros points noirs dans votre vie durablement et puis l'autre jour, tout d'un coup, vous vous êtes entendu(e) vous plaindre à untel d'un sujet.

Déjà bravo ! Parce que vous vous êtes vu(e)s en train de le faire. Vous avez tout de suite reconnu l'énergie négative de la plainte et vous vous êtes dit : « Merde, et voilà que ça recommence ! »

Pas de panique. Je vais vous donner un petit protocole pour agir tout de suite, sans attendre, dès que vous avez reconnu un motif de plainte ou si vous n'avez pas encore réussi à vous débarrasser de celui ou ceux sur lesquels vous travaillez.

Protocole pour débusquer la plainte et la mettre hors d'état de nuire (à faire aussi souvent que vous vous plaignez).

1. Observez-la !
Bam ! Vous venez de vous rendre compte que vous vous plaignez. Est-ce que c'est juste un constat ou une vraie plainte (quelque chose de récurrent) ? Quel est le sujet de la plainte ? Est-ce que ça fait écho à d'autres plaintes non résolues ? Essayez de dresser le portrait-robot de la plainte en passant en revue les motifs de la plainte, les croyances et peurs associées, les bénéfices cachés à rester dans le statut quo, les mécanismes ou comportements qui y sont liés, vos limites bafouées, les injonctions associées et vos blessures. Quelle est la profondeur de cette plainte ? Pouvez-vous dater de quand vient cette plainte ? Comment étiez-vous avant cette plainte ?

2. Faites la visualisation de la plainte p.68 ou téléchargez-la sur mon site (https://www.oliviacornevin.com/meditations)

3. Ancrez-vous !

Fermez les yeux et imaginez qu'un rayon de lumière rouge (ça peut être des racines ou de l'eau aussi selon votre préférence) part de votre chakra racine (à la base du périnée) et va jusqu'au centre de la terre. Sentez que vous êtes connecté(e) à la terre et faites descendre toute l'énergie négative de la plainte au centre de la terre pour qu'elle puisse la transmuter.

4. Baissez le volume de la plainte

Imaginez-vous un bouton de volume comme sur une chaine stéréo ou une table de mixage. Concentrez votre attention sur l'arrière de vos yeux et maintenant concentrez-vous sur votre plainte et ses motifs. Puis décidez de baisser le volume de la plainte de 100 à 80. Qu'est-ce que ça fait ? Puis de 80 à 50. Observez. De 50 à 30. Puis à 10. Éteignez le volume de la plainte. Faites le vide dans votre esprit. Si la plainte essaie de remonter le volume, rebaissez-le. Vous avez le pouvoir de ne plus l'entendre si vous le souhaitez et de ne

> *pas lui donner d'importance. Faites ces deux derniers exercices autant de fois que vous le voulez, dès que la plainte apparaît.*

Voilà, ça devrait couper la chique à vos plaintes incessantes. Surtout, posez-vous la question la plus importante, pourquoi je n'arrive pas à changer ? C'est ce qui devrait faire bouger votre immobilisme.

CHAPITRE 15

CULTIVEZ LA GRATITUDE

Il y a une dernière chose avant de nous quitter qui pourrait complètement changer votre manière de voir la vie et surtout qui pourrait faire cesser la plainte et vous aider à voir les choses du bon côté si vous ne la pratiquez pas déjà : c'est la gratitude !

Exact inverse de la plainte ou presque, la gratitude consiste tout simplement à dire merci à vous-même, vos amis, votre famille, Dieu, l'Univers, le Grand Tout (peu importe quel nom vous lui donnez) ou juste aux circonstances si vous êtes totalement athée pour ce qui vous arrive dans la vie.

Pour l'avoir expérimenté maintes fois, je peux vous dire que même dans la pire des journées comme par exemple un enterrement, le jour où vous êtes viré, un jour où vous avez un accident, etc., il y a toujours quelque chose de « bien » qui se passe.

À l'enterrement de mon père, j'ai rencontré des tas d'amis à lui que je ne connaissais pas et qui ont exprimé leur gratitude pour la cérémonie. Eux-mêmes ont éclairé des pans de vie qu'ils ont vécu avec mon père que je ne connaissais pas forcément, me permettant d'apprendre quelque chose sur lui jusqu'ici resté dans l'ombre. Ou bien ça a permis de revoir la famille que je ne vois décidément pas souvent et de partager ensemble des souvenirs. D'une certaine manière, il nous a rassemblés et ça, malgré la tristesse de la journée, est un motif de gratitude.

Voilà ce que je fais avant de me coucher chaque soir et ce, depuis au moins dix ans. Je passe en revue cinq choses minimum pour lesquelles j'ai de la gratitude dans ma journée. Ça finit toujours par être dix ou quinze choses, parce que lorsqu'on regarde bien dans une journée, il y a des tonnes de causes de se réjouir. Le temps, la nourriture qu'on a mangé, les sourires partagés même avec des inconnu(e)s dans la rue, une bonne lecture, un bon film, une conversation avec une amie, une musique qu'on adore qui passe tout à coup à la radio, une bonne nouvelle, notre salaire qui tombe sur notre compte, le chant d'un oiseau, la vue d'un arc-en-ciel, la gentillesse de quelqu'un qui nous a aidé, avoir un toit sur la tête, pouvoir retrouver la chaleur de son lit ou d'un partenaire, etc. Les motifs de gratitude sont infinis. Ça va de la toute petite chose insignifiante (être passé entre les gouttes) à l'événement d'une vie comme se marier ou remporter un prix.

Je fais même plus que de remercier avant de me coucher. Quand quelque chose se produit dans la journée, je remercie dès ce moment-là. Le soir est devenu un récapitulatif de mes remerciements du jour. Parfois, je débusque des choses pour lesquelles je n'avais pas encore remercié dans mon rituel du coucher.

Si vous n'êtes pas seul(e) au moment de vous endormir, avant de vous souhaiter mutuellement bonne nuit, dites à la personne avec qui vous êtes pourquoi vous la remerciez. Ça peut dénouer des situations de tension, croyez-moi ! Surtout si vous le faites tous les soirs. Dites merci pour le super plat cuisiné, la machine étendue, quand l'autre a pris soin des enfants pour que vous puissiez travailler ou sortir, pour s'être occupé d'une chose administrative, pour avoir sorti les poubelles, pour vous avoir fait jouir… Eh oui, tout est matière à gratitude ! Vous allez voir que l'autre va être étonné de toutes les attentions qu'il a eu pour vous que vous avez remarqué et qu'il/elle sera touché et voudra lui aussi honorer à son tour par sa gratitude ce que vous avez fait pour lui/elle. Vous vous endormirez le sourire aux lèvres et vous pourrez ensuite vous repasser le film de vos propres joies de la journée ce qui vous donnera encore plus le sourire.

Pour moi, c'est un rituel de coucher ultra puissant et il faut vraiment que je sois K.O. pour ne pas le faire. Des fois, je commence à remercier allongée bien au chaud et je me fais gagner par le sommeil avant même d'avoir pu énoncer ne serait-ce qu'un remerciement. Mais peu importe puisque lorsque j'y repense le lendemain, je remercie. Ou sur le moment même ce qui est encore mieux pour toutes les marmottes qui me liront...

Souvent aussi, je repense des années après à un événement qui sur le moment paraissait négatif. Typiquement une rupture amoureuse. Et quand je vois avec du recul à quel point la personne était néfaste pour moi ou comment j'ai pu poser mes limites grâce à elle ou encore comment j'ai connu mieux qu'elle après, je ne peux que remercier tous ces ex d'être sortis de ma vie. Comme dit Natacha Calestrémé, « les épreuves sont un cadeau mal emballé ». Des fois, on ne voit qu'après coup que ce nous avons traversé nous a invité ou carrément forcé à changer afin d'être plus aligné avec notre être. C'est sûr qu'on préférerait tous ne pas passer par l'épreuve pour progresser. Pour le moment, c'est ainsi sur la planète, mais je sens que moins nous nous plaindrons, plus nous accepterons de changer et de prendre la responsabilité de qui nous sommes, moins il y aura d'épreuves car nous verrons toujours le bon côté des choses désormais.

Dans tous les cas, la pratique de la gratitude est un grand moyen pour changer votre vision du monde, voir le positif tout de suite ou parfois à très long terme sur une situation et arrêter de se ranger du côté des grincheux. Je vous souhaite d'en faire une habitude quotidienne car « La gratitude, ça change la vie ! » comme le disait si bien ma copine Justine qui m'a inspiré ce chapitre. Et je l'en remercie encore !

CHAPITRE 16

LE LÂCHER-PRISE ET LE PARDON

Vous avez remarqué à quel point on peut ruminer quand on se plaint ? Ah ça, c'est sûr qu'on le connaît à fond notre sujet ! Nous sommes capables d'une version courte, comme d'une version longue si tant est que nous trouvions des oreilles compatissantes. Et puis comme nous avons laissé le constat se transformer en plainte et que nous nous sommes enfoncé(e)s toujours plus dedans pour ne surtout pas avoir à changer, nous avons laissé notre mental développer encore et toujours plus le sujet en nous confortant dans notre statut de victime et en nous enfermant toujours plus dans l'immobilisme. Ces circuits neuronaux dont je vous parlais au début connaissent le chemin par cœur et vous emmènent tout droit dans la rumination dès que vous revenez à votre sujet de plainte favori.

Pourtant il y a encore deux choses très puissantes qui permettent de faire cesser cette rumination, ce sont le lâcher-prise et le pardon.

Lâcher prise comme son nom l'indique consiste à lâcher le grappin de la plainte. Comment fait-on ? Il existe tout un tas de méditations sur Youtube que vous pouvez faire. Recherchez la personne, la voix, la musique et la durée qui sont justes pour vous et laissez-vous guider. Si rien d'autre n'a fonctionné jusqu'ici, c'est peut-être parce que le mental est accroché à son circuit neuronal préféré et donc le seul moyen de l'en décrocher ou d'en créer un nouveau, c'est de le faire switcher sur un nouveau sujet.

Souvent ces méditations consistent à identifier le problème/la plainte, à la localiser dans le corps et à vous imaginer que vous la faites partir. Trouvez la méditation qui vous convient et faites-la le plus régulièrement possible. Par exemple fixez-vous de la faire tous les jours pendant une semaine. Voyez si vous y pensez moins à la fin de la semaine et faites le bilan si vous arrivez à lâcher prise sur le sujet de votre plainte. Si ce n'est pas le cas, tentez une autre méditation pour une autre semaine et faites le bilan.

Si rien n'a marché, il y a peut-être quelque chose à tenter encore. C'est le pardon. Nous nous sommes enfermé(e)s dans ce statut de victime parce qu'on nous a forcé à subir une situation que nous n'avons pas voulu et encore moins accepté. Il est temps de nous pardonner à nous-même de n'avoir pas su/pu réagir autrement. De nous être enfermés dans la plainte sans y voir une invitation à changer. De nous y être complu et même enlisé sans plus pouvoir en sortir. C'est ok. Fermez les yeux, centrez-vous sur votre cœur, revoyez la situation qui a causé la plainte et pardonnez-vous de n'avoir pas su ou pu vous adapter et d'avoir utilisé la plainte comme outil de défense et d'immobilisme.

Vous êtes désormais prêt(e) à changer (enfin je l'espère si vous m'avez lu jusque-là !) et vous pouvez même pousser le processus jusqu'à pardonner la ou les personnes qui ont créé cette situation qui ont conduit à votre enfermement dans la plainte. Quand je dis pardonner ce n'est pas absoudre l'autre. C'est reconnaître les torts de l'autre et la souffrance qui a découlé de ce que vous avez vécu par sa faute, mais c'est décider que désormais vous allez passer à autre chose, que cet événement ne vous retient plus dans l'immobilisme et que vous ne vous sentez plus lié à lui au point qu'il vous définisse. Non, la plainte est derrière vous désormais et vous pouvez vraiment devenir pleinement acteur/actrice de votre vie et endosser une nouvelle identité car vous avez décidé de la dépasser.

Vous pouvez aussi écrire une lettre à la personne qui a créé cette situation qui a mené à la plainte et lui dire à quel point elle vous a fait du mal. Ne l'envoyez surtout pas, elle est juste pour vous, pour épancher votre besoin d'être vu(e) et reconnu(e) dans votre douleur. Puis si vous le pouvez, brûlez-la ou déchirez-la et enterrez-la. Le cerveau a besoin d'un symbole physique qui dit que c'est fini. Vous passez à autre chose. C'est un processus qui ne va pas forcément se faire en un jour, mais qui vaut le coup !

CHAPITRE 17

À VOUS DE JOUER

Voilà, vous avez désormais tous les outils pour devenir qui vous voulez vraiment être. Pour arrêter d'être complaisant envers vous-même. Pour voir enfin la réalité en face.

La plainte est comme un regret. Un regret que la vie ne soit pas comme on aurait voulu qu'elle soit dans le passé comme dans le présent. C'est tellement plus simple de rester insatisfait pour ne surtout pas se remettre en question et continuer à en vouloir à tout et à tout le monde.

Si vous avez acheté ce livre ou qu'on vous l'a offert, c'est parce que vous vous plaignez et que visiblement, vous préférez maintenir le statu quo, être une victime et sombrer dans la déprime plutôt que de changer quelque chose à votre vie.

J'espère vous avoir démontré que si on accepte de voir enfin le pourquoi du comment nous sommes restés dans la plainte au lieu de la dépasser, alors nous pourrons enfin être délivrés et accepter d'envisager que la vie est belle. Nous pouvons même créer un nouveau sport national qui serait de voir le bon côté des choses au lieu de se plaindre.

En tous les cas, la plainte ne servira jamais à rien si elle n'est pas suivie d'actions. Dans ce cas oui, la plainte est valide et a sa raison d'être. Si vous n'êtes pas heureux parce qu'on va implanter un aéroport chez vous alors que vous étiez tranquille dans votre campagne, alors oui vous avez raison de vous plaindre, mais surtout d'agir pour que ça ne se fasse pas. La plainte est là pour permettre d'enfin passer à l'action et de ne pas rester les bras croisés face à une situation insoutenable ou injuste. Si vous continuez à vous plaindre, c'est que vous êtes masochiste ou pas capable de croire qu'il existe un monde meilleur que vous pouvez créer.

À vos marques, prêts, partez ! Agissez ! Finissez-en une bonne fois pour toutes avec vos motifs de plainte et devenez la personne que vos plaintes empêchent de faire éclore !

CONCLUSION

Ce livre n'était pas prévu. Il a fait son chemin dans ma tête bien après la remarque qui l'a initié. J'aurais mis des années à venir à bout de mon addiction au sucre et je ne suis pas encore tout à fait sortie du fait de manger au-delà de ma faim, mais ce livre a grandement contribué à me permettre d'arrêter de me plaindre de mon poids. Si je ne suis pas contente de celui-ci, j'agis, puisque je ne m'aime pas telle que je suis ou que pour le moment je ne me sens pas capable de m'aimer avec des kilos que je considère en trop. Je me sens beaucoup mieux dans mon corps, beaucoup plus sereine et surtout je débusque la plainte dès que je la vois chez moi et chez les autres désormais. J'ai aussi tendance à écarter de mon entourage les personnes qui se plaignent ou à rester moins longtemps avec elle. J'ai beaucoup moins de patience qu'avant avec elles.

J'aimerais dédier cet ouvrage à mon oncle, certainement la personne qui autour de moi se plaint le plus au monde d'absolument tout. C'est un mode de vie chez lui ! Je souhaite lui dire à quel point je l'aime malgré ses plaintes incessantes et que j'y vois une profonde déception de ce monde. Pourtant il fait partie des personnes autour de moi qui ont arrêté de fumer du jour au lendemain. Donc c'est quelqu'un qui a su passer à l'action. Je ne sais pas si mon oncle le prendra bien (ou les personnes à qui vous offrirez ce livre), mais j'espère de tout cœur que cet ouvrage vous fera comprendre à quel point si vous souffrez de cette réalité qui n'est pas comme vous voudriez qu'elle soit, vous êtes les seuls à avoir les ressources pour enfin accepter la vie telle qu'elle est et y débusquer des choses positives ou ne pas accepter que la vie ou la situation ne s'adaptera pas à vous et que c'est à vous-même de changer ou de mettre en place des actions pour faire bouger les choses qui ne vous plaisent pas.

Vous n'aimez pas les politiques en place ? Au lieu de vous plaindre, créez votre propre mouvement ou militez dans celui qui représente vos idées. Vous n'aimez pas votre patron ou votre entreprise ou vos collègues, arrêtez de vous plaindre et formez-vous pour trouver un autre travail, créer votre entreprise ou en changer. Votre compagnon vous saoule ou vous manipule ? Changez-en ! Etc. Et si vous n'arrivez pas à changer, arrêtez de saouler les autres avec vos plaintes et de répandre une mauvaise énergie. Personne n'a besoin de vos plaintes, pas même vous en fait ! Si une plainte arrive, intériorisez-la et reprenez le livre pour comprendre d'où elle vient.

J'espère que ce manuel de transformation sous forme de gentil coup de pied aux fesses vous permettra de faire le travail pour réussir enfin à vous débarrasser de tous vos sujets de plainte.

Pour vous qui m'avez lu jusqu'ici, j'espère de tout cœur que le chemin que vous aurez fait avec ce livre vous aura permis de comprendre enfin votre immobilisme et d'agir sur celui-ci. N'hésitez pas à aller mettre un commentaire (positif tant qu'à faire !) sur les librairies en ligne où vous avez acheté le livre ou envoyez-moi votre témoignage si ça a transformé votre vie sur mon site https://www.oliviacornevin.com car c'est mon but dans ce bas monde : aider toutes celles et ceux que je peux à voir qui elles/ils sont et se transformer. Dites-moi si vous m'autorisez à le reproduire sur les réseaux sociaux et si vous souhaitez rester anonyme ou pas.

Lire ce livre est un premier pas. Un pas que vous pouvez faire aujourd'hui vers vous-même. Aller consulter un thérapeute en est un autre. Agir pour changer en prenant conscience que vous êtes le seul à pouvoir arrêter de vous plaindre est le pas ultime vers vous-même.

Vive l'Être positif que vous êtes déjà sous toutes ses couches de plainte et qui ne demande qu'à éclore !

SOMMAIRE

AVANT-PROPOS……………………………………………………….7
INTRODUCTION : QU'EST-CE-QUE LA PLAINTE ?………..13

PARTIE I
IDENTIFIER LA PLAINTE

1. LA PLAINTE NOUS SOULAGE-T-ELLE ?…....…………… 21
2. QUE CACHE LA PLAINTE ?………....……………………..25
3. LES BÉNÉFICES CACHÉS DE LA PLAINTE……………….37
4. LES MÉCANISMES INCONSCIENTS……………………....43
5. LES INJONCTIONS…………………..………………………53
6. MES LIMITES……..…………………………………………...57
7. MES BLESSURES………………………………………….…65
8. RÉCAPITULATIF………………………………………….....71

PARTIE II
À L'ACTION !

9. QUAND LA PLAINTE EST-ELLE RECEVABLE ?……..…..77
10. ET SI AU LIEU DE SE PLAINDRE ON SE RÉGALAIT DE LA VIE…………………………………………………...83
11. JE M'ENGAGE ENVERS MOI-MÊME………………..……87
12. L'ÉTINCELLE…………………………………....……..91
13. AGIR SUR LE LONG TERME……………………...………99
14. QUE FAIRE SI ON SE REMET À SE PLAINDRE ?……...101
15. CULTIVEZ LA GRATITUDE………………………….…...107
16. LE LÂCHER-PRISE ET LE PARDON……………………111
17. À VOUS DE JOUER……………………………………….115

CONCLUSION...……………………………………..…..117

REMERCIEMENTS

Je tiens tout d'abord à remercier mon amie Lucia : je lui ai envoyé la version non achevée du livre avant tout le monde pour voir si elle arrêterait de se plaindre et si elle agirait enfin. Et ça a marché ! Elle m'a donné envie de finir cet ouvrage au plus vite pour que tout le monde puisse profiter de ce coup de pied aux fesses salvateur, je l'espère ! Merci aussi pour le temps que tu as pris pour la traque des coquilles et ta suggestion pour la couverture ma Gemini préférée !

Merci à Justine qui grâce à sa remarque sur la gratitude m'a fait y consacrer un dernier chapitre qui n'était pas initialement prévu dans le livre et qui pourtant est peut-être l'habitude la plus capable d'arrêter les plaintes dans nos vies.

Merci à Natacha Le Courtois et Bruno Dubos de m'avoir fait comprendre les mécanismes de la manipulation.

Merci à ma relectrice et amie fidèle Federica sans qui mes livres n'auraient pas cette tête et qui a contribué à la traque des coquilles alors que le français n'est même pas sa langue maternelle ainsi qu'à une meilleure version grâce à ses retours.

Merci à mon ex-compagnon qui, sans le savoir, m'a soufflé le sujet de ce livre un matin dans la salle de bains et sans qui je n'aurais pas vaincu mon addiction, écrit ce deuxième livre (ni le premier d'ailleurs) et posé mes limites.

Merci à toutes les femmes et les hommes qui me liront et oseront enfin avoir le courage d'arrêter de se plaindre pour aller vers ce qu'elles/ils sont vraiment, c'est à dire aucunement des victimes, mais de véritables héroïnes/héros de leur vie. Je suis hyper curieuse de recueillir vos témoignages sur le sujet sur mon site.

BIBLIOGRAPHIE

- ROUSTANG François, *La fin de la plainte* de avec préface de Lou Mas Del Aire, éditions Odile Jacob, 2001.
- SCHILLING Jürgen, *Kau dich gesund,* éditions Trias (n'existe pas en français à ma connaissance), 2011.
- BOURBEAU Lise, *Les 5 blessures qui empêchent d'être soi-même,* Pocket, 2013.
- CALESTRÉMÉ Natacha, *Trouver ma place,* éditions Harper Collins Poche, 2024.

Livres sur la guérison émotionnelle :
- ODOUL Michel, *Dis-moi où tu as mal, je te dirai pourquoi,* éditions Albin Michel, 2022.
- MARTEL Jacques et BERNIER Lucie, *Le grand dictionnaire des malaises et des maladies - Pour la guérison de l'Âme et des Émotions,* éditions Quintessence, 2024.
- CALESTRÉMÉ Natacha, *La clé de votre énergie*, éditions Albin Michel, 2020.

VIDÉOS SUR LES MÉCANISMES DE LA MANIPULATION

- LE COURTOIS Natacha et Dr DUBOS Bruno, *Le pervers narcissique tue pour ne pas être quitté* et *Un pervers narcissique est-il heureux quand il fait du mal ?* sur la chaîne Youtube Natacha & Co.

DE LA MÊME AUTEURE

- *Enfin vaginale, de la frigidité à l'extase,* Mama Éditions, 2024.

À PROPOS DE L'AUTEURE

À la fois auteure de développement personnel (mais aussi de romance et de scénarios de films sous son nom d'artiste), auteure-compositrice-interprète, musicienne et danseuse, Olivia Cornevin est persuadée que les mots peuvent guérir et apporter une aide précieuse dans le développement de chacun. Qu'ils soient écrits puis lus, chantés ou interprétés par le corps en mouvement, ils résonnent avec celui/celle qui les reçoit dans un but d'évolution humaine, personnelle et spirituelle. Ses ateliers, livres et mantras sont un partage, une expérience qui permet de transcender vos propres barrières et tabous en libérant votre parole, votre voix et votre corps. Dans ses livres, elle utilise son propre vécu pour témoigner de comment elle a pu dépasser ses limites comme dans *Enfin vaginale* où elle raconte sa rencontre avec l'amour conscient et *Arrête de te plaindre et agis !* où elle raconte comment elle a repris son pouvoir personnel en arrêtant de se cacher derrière l'immobilisme de la plainte.

Édition : BoD - Books on Demand,
31 avenue Saint-Rémy, 57600 Forbach, bod@bod.fr
Impression : Libri Plureos GmbH, Friedensallee 273,
22763 Hamburg (Allemagne)

© Olivia Cornevin 2024
Dépôt légal : Janvier 2025
ISBN : 978-2-3224-9608-2
Imprimé par BOD